그림책에서 가족을 만나다

그림책에서 가족을 만나다

초판 1쇄 발행 2025년 9월 15일

지은이 방현주
펴낸이 권경옥
펴낸곳 해피북미디어
등록 2009년 9월 25일 제2017-000001호
주소 부산광역시 동래구 우장춘로68번길 22
전화 051-555-9684 | 팩스 051-507-7543
전자우편 bookskko@gmail.com

ISBN 979-11-94977-04-9 03180

그림책에서
가족을 만나다

방현주 지음

해피북
미디어

그리운 부모님께

가족과 그림책은 제 공부의 두 기둥입니다.

가족학 공부는 좁고 얄팍했던 저의 시선을 다양하고 폭넓게 만들어주었고, 그림책은 복잡하고 소란한 어른의 세계에서 벗어나 상상의 세계에 빠져 마냥 행복했던 어린 시절을 다시 누리게 해주었습니다. 그러면서 알게 되었습니다. 그림책은 아무리 힘들고 까다로운 메시지라 하더라도 어렵지 않게, 그리고 정말 따뜻하고 섬세한 언어로 그 메시지를 전달해준다는 것을! 그러면서도 아이든 어른이든 읽는 이 모두에게 깊은 질문을 던지고 통찰을 안겨주는 신기한 힘을 지녔다는 것을 말입니다. 그래서 이 두 가지 영역을 잘 엮어보면 좋겠다 싶어 이 책을 작업하게 되었습니다.

이렇게 시작된 글쓰기는, 쉬이 진행될 것 같았지만 실제로는 전혀 그렇지 못했습니다. '누가 시킨 것도 아니니 그만둔다고 아무도 뭐라 할 사람이 없는데 하지 말까' 하는 생각이 종종 머릿속에 맴돌곤 했지만, 그럼에도 이 작업을 계속 붙들고 있었던 것은 『달팽이 학교』라는 그림책 덕분입니다. 책은 진작 기획했으나 실제 진척은 더없이 느려지고 있었던 제게 천천히 가지만 결코 멈추지 않고 그 일을 해내는 달팽이의 모습은 큰 위안이 되었습니다. 그래서 자주 생각했습니다. '달팽이의 속도로 가더라도 잘 마치자.' 비로소 그 여정이 끝나고 마침내 책을 소개할 수 있게 되어 정말 기쁘고 감사합니다.

이 책은 그림책을 통해 가족을 알아가도록 이끄는 '가족 안내서'입니다. 가족학적인 관점을 바탕으로 그림책이 담고 있는 간결하고 함축된 메시지를 성찰하여 가족에 대한 이해를 넓히고, 가족 관계가 향상되도록 돕는 데 목적이 있습니다. 하나의 주제에 한 권 혹은 두 권의 그림책을 연결하였고, 책을 꼼꼼히 읽으며 그 안에서 드러나는 가족의 여러 모습과 특성을 발견하는 데 초점을 두었습니다.

더불어 글과 그림으로 이루어진 이중 텍스트라는 그림책의 특성을 고려하여 글뿐만 아니라 각 장면의 그림을 놓치지 않으려고 애썼습니다. 이를 통해 단순히 주제 설명을 위한 대상으로 그림책을 소비하는 것에서 벗어나 그림책의 깊이와 그것을 읽는 묘미도 함께 전달하고자 하였습니다. 부디 가족을 공부하거나 혹은 그림책을 좋아하는 분들, 그리고 가족을 더 알아가고 싶은 분들에게 도움이 되길 바랍니다.

책은 크게 네 개의 범주로 구성되어 있습니다. 이 범주에 따라 열세 가지의 주제를 열네 권의 그림책을 통해 서술하였습니다. 첫 번째 범주는 가족 전반에 대해 알아두면 유익한 내용들을 가족발달주기, 가족체계, 다양한 가족 형태, 가족을 건강하게 하는 요소 등을 중심으로 엮었습니다. 두 번째는 가족의 중심이 되는 부부에 대한 이야기로 사랑과 결혼, 부부의 적응, 부부관계에 대한 통념으로 이루어져 있습니다. 세 번째는 부모에 대한 주제를 부모됨, 양육방식, 부모에게 꼭 필요한 덕목 등으로 구성하였습니다. 네 번째는 부부의 이혼이나 가족의 죽음으로 인해 겪게 되는 상실과 가족에게 내재되어 있으나 자칫 간과하기 쉬운 가족의 회복력 즉, 가족 레질리언스에 대해 살펴보았습니다.

책을 읽어가며 그림책을 찾아보기도 하고, 또 책에 담긴 주제를 중심으로 이런저런 얘기를 나눠보는 것은 도움이 될 것입니다. 어쩌면 책의 내용보다 함께 나누는 이야기들이 더 유익할지도 모릅니다.

이 책을 쓰기까지 많은 도움과 격려를 받았습니다. 가장 가까이 있는 가족들의 애정과 지원은 변함없는 저의 원동력입니다. 재촉하지 않고 저의 속도를 존중해주면서 속 깊은 사랑으로 보살펴주는 남편과 다정한 마음으로 부모를 대하는 아들, 며느리 그리고 제 약함을 알고 언제나 후한 마음으로 저를 도우려 애쓰는 사랑하는 동생들과 그 가족들에게 진심 어린 감사 인사를 전합니다.

이 책의 출간 과정뿐만 아니라 처음 가족학 공부를 시작할 때부터 지금까지 변함없이 지지해주시고 응원해주시는 이기숙 교수님, 옆에 계셔주셔서 저는 늘 든든하고 감사합니다.

들어가며

나이 듦의 여정을 함께 나누고 있는 리:빙 식구들, 부족한 부분이 드러나도 "잘했다, 괜찮다" 말해주는 문방서화 친구들, 그림책 공부를 도와주신 김정남 선생님, 문지하 친구들, 그림책 테라피 멤버들, 감사합니다.

기꺼이 출판을 맡아준 해피북미디어와 권경옥 대표님께 감사드립니다. 이렇게 예쁜 책이 나올 수 있었던 것은 강나래 팀장님과 편집팀의 수고 덕분입니다. 감사합니다.

마지막으로 이 책을 읽는 분들도 감사합니다. 이 책을 통해 가족을 이해하는 시선이 더 넓어지고 가족의 사랑이 더 깊어지는 축복이 있기를 소망합니다.

차례

들어가며   6

1장
흐르는 시간 속,
다시 바라보는 가족

움직이는 가족, 시간 속을 건너는 이야기 〈할아버지의 바닷속 집〉   15

가족은 시스템 〈나는 둘째입니다〉   39

다채롭게 변주되는 가족의 모습 〈숲속 사진관〉〈숲속 사진관에 온 편지〉   57

가족을 반짝이게 하는 비밀 〈돼지책〉   83

2장
둘에서 하나로,
가족이 관계가 되기까지

감정만으로는 부족한 사랑 〈토끼의 결혼식〉   107

부부, 다름과 연합 사이 〈나란히, 고양이, 물고기〉   121

행복한 결말 이후의 진짜 시작 〈개구리 왕자 그 뒷이야기〉   135

3장
사랑에서 책임으로,
부모됨의 여정

우리는 왜 부모가 되려 했을까? 〈완벽한 아이 팔아요〉   151

내 아이의 거울, 나는 어떤 부모일까? 〈공원에서 일어난 이야기〉   163

듣기로 시작하는 부모 언어 〈고민 해결사 펭귄 선생님〉   191

4장
가족의 상실,
그리고 가족 레질리언스

이혼, 함께였으나 이제는 비어 있는 곳 〈코코, 네 잘못이 아니야〉   209

죽음, 사랑이 멈추는 것이 아니라면 〈무릎 딱지〉   233

고요한 탄성, 가족의 회복력 〈리디아의 정원〉   257

나가며   280

참고문헌   283

부록 – 함께 이야기해 보아요   285

1장

(흐르는 시간 속,)
(다시 바라보는 가족)

할아버지의 바닷속 집

히라타 겐야 글·가토 구니오 그림,
김인호 옮김 | 바다어린이

움직이는 가족, 시간 속을 건너는 이야기

가족은 어떤
존재일까요?

　　　　　　가족 관련 교양 과목을 가르칠 때, 수
업 첫 시간에 학생들에게 가족에 대한 생각이 어떤지 물어보
곤 했습니다. '가족은 따뜻하다, 가족은 울타리다, 가족은 보
기 싫을 때도 있는데, 떨어져 있으면 그립다, 가족은 좋기도
하고 싫기도 하다, 가족은 그냥 가족이다' 등등의 다양한 반응
이 여기저기서 나옵니다. 어떤 대답을 하든 공통점은 지금 자
신의 가족이 어떠하냐에 상관없이 가족에 대한 긍정적인 이
미지를 포함하고 있었다는 것입니다. 학생들의 대답을 들으
며 늘 고마운 생각이 들곤 했습니다. 나름대로 어려움과 상처
도 있었을 텐데, 그것에 얽매이지 않고 여전히 가족을 긍정적
으로 바라봐주는 그들의 시선 덕분에 건강한 가족에 대한 소

망을 계속 품어도 될 것 같았거든요.

잠시 후 다른 질문을 해봅니다. 가족은 움직일까요? 아니면 가만히 있을까요? 편안하게 앉아 있던 학생들의 얼굴에 묘한 혼란스러움이 조금씩 스쳐 갑니다. 질문은 낯설고 평소 생각하던 것도 아니어서 선뜻 대답이 나오지 않는 것은 어쩌면 자연스러운 반응인지도 모릅니다. 여러분은 어떻게 생각하나요? 본격적으로 책을 읽기 전에 먼저 가족이 어떤 존재인지 잠시 생각해보는 것은 어떨까요?

그림책의 글을 쓴 히라타 겐야는 각본가로 활동 중이며 그림을 그린 가토 구니오는 애니메이션 작가입니다. 이 책은 가토 구니오가 만든 단편 애니메이션 <스미키노이에(집짓기놀이의 집)>가 원작으로, 일본영화로는 처음으로 단편 애니메이션 부문에서 아카데미상을 수상했고 여러 국제영화제에서도 상을 받았습니다. 원작자이자 그림을 그린 가토 구니오는 고운 노랑과 파랑을 주 색감으로 사용하여 작품이 주는 부드러움과 따스함, 기쁨과 슬픔의 호흡을 서정적으로 잘 살렸습니다. 덕분에 우리는 고민했던 질문들에 대한 답을 먹먹한 가슴으로 만나고 그 안에서 피어나는 소망까지도 차분히 보게 됩니다.

물 위의 집

　　　　　　표지가 얼마나 예쁜지요! 전체적으로 노랑빛이 감도는 표지를 앞뒤 모두 펼쳐 보고 있노라면 마치 한 폭의 작은 풍경화를 보고 있는 듯한 느낌에 휩싸입니다. 할아버지가 사는 마을도 한눈에 들어오는데요. 연둣빛이 감도는 하늘빛과 바닷빛 사이에 할아버지의 집과 다른 집들이 마치 근해에 정박하고 있는 작은 배들처럼 존재하고 있습니다. 그렇습니다. 마을은 땅이 아니라 바다 위에 있습니다. 『할아버지의 바닷속 집』이라는 제목까지 더해져 어떤 이야기가 전개될지 사뭇 기대가 됩니다. 제목 중 '바닷속 집'은 갈색 해조류의 색깔을 입혔습니다. 바닷속 이미지와 집을 이어주려는 그림 작가의 센스일까요? 집 창문가에서 밖을 바라보며 파이프 담배를 피우고 있는 할아버지, 계단에 보이는 한 마리의 닭, 옥상 빨랫줄에서 바람 따라 흔들리고 있는 옷들, 그 아래 아주 조그마한 텃밭, 현관 입구에 매여 있는 작은 배 등이 할아버지의 잔잔한 일상을 말해주는 것 같습니다.

　　옥상에서 화초에 물을 주다 물끄러미 하늘을 올려다보고 있는 할아버지의 모습에서 첫 장면이 시작됩니다. 할아버지는 바다 위에 쌓아 올린 낡은 집에서 홀로 살고 있습니다. '어떻게 바다 위에 집을 지을 수 있지? 그게 가능해?' 정말 의아스럽기 그지없습니다. 할아버지와 이 마을에는 어떤 사연이 있는 것일까요?

이 마을에는 어느 때부터인지 바닷물이 점점 차오르기 시작했습니다. 해수면 밑으로 그동안 물속에 잠긴 많은 집들이 보이고, 그 사이로 물고기와 바닷속 생물들이 이리저리 헤엄치고 있습니다. 반면 해수면 위로는 아직은 잠기시 않아 사람이 살고 있는 집들과 그 집들 사이로 여객선과 화물선, 작은 통통배들이 지나다니고 있습니다. 정말 위태롭고 아슬아슬한 마을입니다.

그림 작가는 전체 면을 왼쪽에서 오른쪽 방향으로 이어지는 네 개의 프레임으로 나누어 마을이 어떤 과정을 거쳐왔는지를 단번에 알아볼 수 있게 했습니다. 물이 점점 차올라서 살던 집이 조금씩 잠기는 장면이 첫 번째 프레임에, 잠긴 집 위에 다시 집이 지어진 장면이 두 번째에, 이렇게 해서 마치 나무상자를 쌓아 올린 듯한 형태로 집이 변모하는 장면이 세 번째에, 그리고 마침내 탑처럼 되어버린 집은 시간이 지남에 따라 이 마을이 어떻게 지금처럼 존재하게 되었는지를 알려주고 있습니다. 물속에 잠긴 집들은 아래층에 있는 집일수록 더 낡고 쇠락합니다. 한때는 예쁜 집의 특징이었을 창의 빨간 덧문도, 은은한 불빛으로 하루 일을 마치고 집으로 돌아오는 이들의 고단한 마음을 포근하게 감싸주었을 옥상의 외등도, 가족, 친구들과 더불어 즐겁게 담소를 나누었을 현관 앞 테라스도 지금은 겨우 그 흔적만 남았을 뿐입니다.

멈춰 있는 듯하지만
흐르는 가족

차오르는 바닷물은 시간의 흐름을 은유적으로 보여주고 있습니다. 여기서 기억의 저편, 인생의 흐름, 삶과 추억 등 이런저런 주제들이 생각나기도 하지만, 저는 시간이 지나감에 따라 달라지는 가족의 변화가 떠올랐습니다. 가족은 하루하루가 비슷하게 여겨져 한자리에 있는 듯하지만, 사실 가족은 시간과 함께 계속 변화합니다. 대개 가족은 남녀가 결혼함으로써 형성되어 아이가 태어나면서 그 규모가 커집니다. 그러다 성인이 된 자녀가 집을 떠남으로써 축소되고, 마침내 부부 모두가 죽음을 맞이하며 해체됩니다. 참으로 역동적인 과정이지요.

가족학에서는 시간에 따라 연속적으로 진행되는 이 과정을 '가족생활주기'라고 부릅니다. 이 각각의 시기가 품고 있는 이야기들이 바로 그 가족만의 독특하고 특별한 역사입니다. 성장과 이별, 시작과 끝이 맞물리며 가족의 여정은 정지된 풍경이 아닌 흐르는 이야기로 이어지는 것입니다.

할아버지의 가족도 가족생활주기에 따른 자신들만의 이야기를 가지고 있습니다. 집 안 벽에 가득한 부부와 가족의 사진, 겹겹이 쌓인 집이 바로 그 흔적입니다. 시간의 지층을 보는 것 같은 겹쳐진 집들을 따라가노라면 각 층마다 펼쳐지는 할아버지 가족의 이야기를 만나게 됩니다. 그 걸음을 지금의 할아버지 일상에서부터 거슬러 가보겠습니다.

혼자 남은 집, 그러나
연결된 삶

삼 년 전 할머니가 돌아가신 후 할아버지는 이 집에서 홀로 외롭게 살고 있습니다. 할아버지의 집 바닥 중간에는 작은 뚜껑이 있습니다. 이곳을 열면 짐작한 대로 그 밑은 바다입니다. 할아버지는 아침에 일어나면 그 뚜껑을 열고 낚시를 합니다. 아침부터 웬 낚시냐고요? 반찬으로 먹을 물고기를 잡기 위해서이지요. 집 밑으로 물고기가 많이 지나다니기 때문에, 물고기는 할아버지가 손쉽게 마련할 수 있는 아침 반찬이랍니다.

지붕 위에 있는 닭은 달걀을 낳아주고, 작은 텃밭에는 밀을 길러 빵을 굽습니다. 그리고 모자란 물건은 집 근처를 오가는 배를 통해 삽니다. 과일장수 배, 채소장수 배, 꽃장수의 배 등이 마을 사람들에게 물건을 팔기 위해 수시로 다니니까요. 할아버지는 할머니가 쓰던 앞치마를 두르고 밥을 짓습니다. 배를 타고 이웃집으로 건너가 친구와 체스를 두기도 하고, 의자에 편히 등을 기대고 멀리 사는 자녀들이 보낸 편지를 읽기도 하면서 하루하루 즐겁게 지냅니다. 그러다 밤이 되면 파도 소리를 벗 삼아 잠에 듭니다.

그러던 어느 해 겨울, 바닷물이 다시 차오르기 시작했습니다. 거실의 물건들이 둥둥 떠다니기 시작합니다. 할아버지는 할머니의 사진을 쳐다보며 중얼거렸습니다. '또 새집을 지어야겠구만….' 할아버지는 물이 더 많이 차오르기 전에 새집을 짓기 시작했습니다. 이전에는 지금보다 훨씬 더 많은 사람들이 살았지만, 모두 집짓기를 그만두고 이사를 가버렸습니다. 그러나 할아버지는 절대로 이 집에서 이사를 갈 수 없었습니다.

열심히 집을 짓던 어느 날, 할아버지는 실수로 그만 톱과 망치를 바닷속에 빠뜨리고 말았습니다. 중요한 연장들이 아래로, 아래로 가라앉는 것을 지켜보던 할아버지는 벽 한쪽에 걸려있는 잠수복을 챙겨 입었습니다. 물안경과 산소통을 멘 할아버지는 바닷속으로 들어갔습니다.

"첨벙…."

할머니와 함께한
마지막 계절의 기억

연장들은 삼 층이나 아래에 있는 집에 떨어져 있었습니다. 할아버지는 그 집으로 들어서는 순간 이 집이 어떤 집인지 깨달았습니다. 이 집은 바로 할머니와 함께 살았고, 할머니를 영원히 떠나보냈던 집이었습니다. 할아버지와 할머니의 마지막 노년의 시간이 여기에 있었습니다. 물고기를 잡아온 할아버지를 돌아보는 할머니의 고마운 미소가, 피곤한 할머니의 어깨를 주물러주는 할아버지의 따뜻한 손길이, 와인을 마시며 나누는 시시콜콜한 담소가 머물렀던 곳이지요. 어느 봄날, 할머니는 이 집에서 할아버지와 자녀들 그리고 손주들이 지켜보는 가운데 돌아가셨습니다.

할머니가 돌아가실 때 할아버지는 할머니의 손을 꼭 붙잡고 있었습니다. 부부로서 살아온 평생의 시간과 이야기들을 담아내기에, 사랑하고 사랑받았던 사람이 나누는 애잔한 눈길과 끝까지 마주잡은 손만 한 표현이 또 있을까요? "할머니의 손을 언제까지나 잡고 있었다."라는 짧은 글귀가 가슴이 뻐근할 정도로 오래 마음에 머물렀습니다. 삶의 끝자락에서 마주한 이별은 커다란 슬픔이기도 하지만 오랫동안 함께했던 사랑의 깊이입니다.

나는, 우리는 어떻게 죽음을 맞이하게 될까요? 배우자가 나보다 혹은 내가 배우자보다 먼저 떠나게 된다면, 부부는 오늘 하루를 어떻게 채워가야 할까요?

노년에 접어들면 죽음은 생애 그 어느 순간보다 가깝게 다가옵니다. 그래서 대개 노인의 죽음은 인생의 순리적인 결과로 인식되기 때문에 가족들도 이를 비교적 자연스럽게 받아들입니다. 그러나 노년의 부부관계에서 배우자의 죽음은 남은 사람을 깊은 상실과 고독의 정점으로 데려갑니다. 평생 온 마음을 다해 다져왔던 애착과 지지가 연기처럼 사라지는 순간이기 때문입니다. 긴 시간 함께 살아왔던 배우자의 죽음 앞에 서게 될 때 그 심정이 어떨지 생각해본 적이 있나요? 체온을 나누었던 몸의 온기가 서서히 사라지는 것을 직접 느끼게 될 때, 더 이상 눈빛을 나누지 못한다는 것, 더 이상 그 목소리와 웃음을 듣지 못한다는 사실이 해일처럼 덮쳐올 때, 그러면서 자신의 죽음 또한 임박했다는 것을 직감적으로 깨닫습니다. '먼저 가 있어, 곧 갈게'라는 작별 인사는 어쩌면 제일 힘들고 고통스러운 순간에 죽음의 실제적인 의미를 가장 가까이 체감하는 마음의 소리인지도 모릅니다.

조부모, 손주와 함께
피어나는 기쁨

　　　　　　할아버지는 좀 더 아래쪽 집으로 헤엄쳐 갔습니다. 아래쪽으로 내려갈수록 옛날 일들이 떠올랐습니다. 이 집에서 살 때는 마을 축제가 열렸었지요. 그때만 해도 마을에는 사람들이 많이 살고 있었거든요. 비록 집들은 여전히 바다에 있었지만 화려한 전등으로 집과 배를 장식하고 풍선을 날리며 맛있는 음식을 나누고 퍼레이드 배가 들려주는 음악은 축제 분위기를 한껏 끌어올려 주었지요. 자식들도 손자를 데리고 와서 함께 즐겼답니다. 할머니표 파이는 빠질 수 없는 간식이었지요.

가족과의 만남이나 연락은 노년의 정서에 영향을 많이 미칩니다. 노년으로 갈수록 사회적인 관계가 줄어든다는 점을 감안하면, 가족관계는 노년의 삶을 지지하는 중요한 버팀목인 까닭입니다. 할머니를 떠올리면 자연스럽게 생각나는 음식이 있거나 특정 기억으로 가슴이 따뜻해진다면 그 축복을 소중하게 품었다가 다시 흘려보내길 바랍니다. 가족은 또 이렇게 이어지니까요!

조부모가 되는 것은 노년이 주는 또 하나의 열매이자 기쁨입니다. 조부모는 양육과 관련된 직접적인 책임을 지지 않기 때문에 오히려 더 순수하게 애정을 쏟을 수 있습니다. 이런 까닭에 손자녀는 때로 부모의 통제에서 벗어나는 해방감을 느끼고, 무얼 해도 넉넉히 받아주시는 할아버지와 할머니의 사랑으로 편안함과 정서적 안정감을 느끼게 됩니다. 손자녀에게 과거를 이어주고 사랑과 지혜를 나누어주면서 노년의 가치는 더 빛이 납니다. 이들의 웃음과 정겨운 기억이 깃든 집은 인생의 후반부에 더욱 소중한 선물로 다가올 것입니다.

중년기, 빈 둥지 위에 다시
가꾸어야 할 사랑

이 집은 할아버지와 할머니의 맏딸이 결혼을 한 집입니다. 할머니가 손수 만든 드레스를 입고 소담한 부케를 든 딸은 너무 예뻤습니다. 하얀 벽에 오색 줄과 꽃 가랜드를 장식한 집은 멋진 결혼식장으로 손색이 없었지요. 사람들은 결혼식에 참석하기 위해 배를 타고 왔고, 빨간 꽃잎을 뿌려주며 젊은 부부의 앞날을 축복해주었습니다. 소박하지만 아름답고, 엄숙하지만 부드러운 결혼식이었습니다. 이 모든 일들은 할아버지와 할머니의 중년기 시절에 일어난 일입니다.

대개 중년의 시기에 자녀들은 결혼을 하거나 학업, 직장으로 인해 집을 떠나기 시작합니다. 이때부터 가족은 다시 줄어들기 때문에 또 다른 국면에 접어들게 됩니다. 이 시기의 가족은 부모의 역할보다는 다시 부부의 관계에 주목해야 하는 양상을 맞이합니다. 마치 신혼기 때처럼 말이지요. 아무래도 자녀에 대한 부담이 덜하기 때문에 여러 측면에서 여유가 생기고 개인적 시간이나 부부가 함께 보내는 시간도 많아지게 됩니다. 이런 상황에서 부부는 더 친밀해질 수도 있고 그렇지 않을 수도 있습니다.

종종 이혼 상담을 하곤 하는데, 결혼 20년 차 이후의 부부들을 심심찮게 만납니다. 대개 이런 부부들의 공통점은 지금껏 두 사람을 연결하고 있었던 끈이 자녀 외에는 거의 없었다는 것입니다. 자녀들이 독립을 시작하자 그동안 드러나지 않았던 문제들이 수면 위로 떠오르게 된 것입니다. 아이를 다 키우고 이제는 한결 부담이 덜한 상황임에도 불구하고, 부부

관계에 대한 새로운 적응에 실패하는 경우입니다. 우리가 흔히 듣는 '빈 둥지 증후군'도 바로 이 시기에 나타납니다. 그동안 가족을 돌보고 자녀를 양육하는 일에 몰두한 만큼 자녀가 떠나고 난 뒤의 공허감 또한 크다는 뜻이시요. 그러면서도 자녀로서 노부모를 돌봐야 한다는 부담은 여전히 남아 있습니다. 그래서 이 시기의 가족들은 다른 어느 때보다 더 따뜻하고 너그럽게 서로를 감싸 안을 필요가 있습니다. 이렇게 전달되는 온기로 가족의 유대감은 다시 세워져 갈 것이기 때문입니다.

'몸이나 마음이 예전 같지 않아!' 중년기에 접어든 사람들로부터 자주 듣는 얘기입니다. 어느 날 문득 자신이 늙어가고 있다는 것을 깨닫기 시작했다는 뜻입니다. 그러면서 내면의 위기를 겪기도 하고 삶을 전환하기도 합니다. 혹 지금까지 무얼 했나 하는 의구심이 생기나요? 내가 꿈꾸었던, 꿈꾸는 일들이 잘 이루어질지 두려운가요? 새로운 무언가가 필요하다는 생각이 드나요? 갑자기 모든 것이 허망하거나 아무것도 아닌 일에 화가 나나요? 마음속 어디선가 알 수 없는 불안이나 초조함이 일어나나요? 부디 너무 놀라거나 당혹해하지 말기를 바랍니다. 자신의 존재가치와 삶의 의미를 재발견하라는 신호이니까요. 이 신호에 반응함으로써 사람은 여러 모양으로 완숙하게 빚어져 갑니다. 엉클어지고 당혹스러운 속내에 머물지 않고 '지금 이 시간, 여기'에서 다시 출발하기만 한다면, 우리는 버거워 보였던 위기와 전환의 여정을 당당히 마주하며 걸어갈 수 있을 것입니다.

자녀 양육기,
그 무게와 기쁨

할아버지는 이 집에서 새끼 고양이를 잃어버렸던 일이 생각났습니다. 온 가족이 동원되어 고양이를 찾았습니다. 젊은 아빠였던 할아버지는 옥상에 올라가 혹시나 고양이가 보일까 하며 주변을 이리저리 둘러보았습니다. 아직 어리던 아이들은 집 앞에서 목이 터져라 고양이를 불렀습니다. 예쁜 엄마였던 할머니는 지나가던 배를 붙들고 우리 고양이를 보았냐고 물어보기도 했습니다. 그렇지만 새끼 고양이는 결국 찾지 못했지요. 아이들은 슬퍼하며 울었답니다. 집 밖을 나서면 바다인데, 새끼 고양이는 대체 어디로 갔을까요? 지나가던 장사꾼의 배가 궁금해 그 배에 탔을까요? 가족들은 마음을 추스르고 다 함께 편지를 써서 병에 넣어 바다에 띄워 보냈습니다. 새끼 고양이를 본 누군가가 이 편지를 보고 아이들에게 고양이의 안부를 전해줄지도 모르니까요.

어린 자녀가 마음이 어려운 일을 만날 때, 가족은 특히 부모는 아이에게 안전기지가 되어야 합니다. 곁에 있어주고 함께 해결책을 찾으며 자녀의 욕구와 기대에 관심을 가져야 합니다. 이런 경험을 통해 아이는 자신이 사랑받고 있다는 것, 그리고 자신이 이 가족 안에 단단하게 속해 있다는 것을 마음 속 깊이 간직하게 됩니다. 아이의 내면에 자신만의 안전기지가 세워지는 것입니다. 일상의 작은 일에서 보여지는 부모의 태도는 화려한 선물이나 깜짝 놀랄 만한 이벤트와 결코 비길 수 없는 강력한 힘이 있습니다. 그러니 내가 능력이 없어 자녀에게 물리적으로 좋은 것을 주지 못한다고 자책할 필요는 없습니다. '안전기지로서의 부모'로 꾸준히 존재할 수 있다면 그것으로 이미 충분합니다.

한창 아이를 키우고 교육하는 이 시기는 부모로서의 삶에서 가장 많은 시간과 에너지를 쏟아야 하는 때입니다. 몹시 마음이 쓰이고 정말 고단하기도 하지만, 부모자녀 관계에서 본다면 충분히 그럴 가치가 있는 수고입니다. 평생에 걸쳐 이어지는 부모자녀 관계의 기초가 이 시기에 만들어지고, 부모로서의 이미지가 구축되는 시기이며, 자녀들은 삶에 대한 기본적인 마음가짐을 배워가는 시기이기 때문입니다.

자녀가 늘어나면서 가족은 커져가고 가족 생활반경 역시 넓어집니다. 유치원이나 학교에 다니기 시작하면서 아이의 친구, 교사, 다른 학부모 등 이전에 비해 만나는 사람들도 다양하고 복잡해집니다. 관심사도 많이 달라져서 가족의 삶에도 변화가 많아집니다. 그러다 보니 부모로서도 살아야 하지만, 부부로서도 살아야 한다는 것을 놓치기 쉽습니다.

이 시기를 지나고 있는 부부를 상담할 때 주로 듣는 얘기가 바로 이런 측면과 연관된 것들입니다. 자녀 중심으로 살다 보면 어느샌가 부부의 친밀감은 흔적도 없이 사라져버립니다. 그렇지만 하루 중에 아주 짧은 시간이라도 부부가 눈을 맞추고 어깨를 두드리며 서로를 기억하는 순간을 가진다면 부부관계는 보호될 수 있습니다. 부부가 서로를 의지하고 붙드는 것은 부모의 역할을 수행하는 데도 든든한 기반이 됩니다. 좋은 부부만큼 최고의 부모는 세상 어디에도 없으니까요.

첫 생명의 탄생,
부모됨의 시작

이 집에서 처음으로 아기가 태어났습니다. 열려 있는 창문 틈으로 아기침대와 모빌이 보이는군요. 옥상의 빨랫줄에는 어른의 커다란 옷들 속에 아기의 앙증맞은 작은 옷들이 섞여 있습니다. 누가 봐도 이 집에 귀여운 아기가 있다는 것을 알 수 있을 듯합니다. 모든 일의 처음은 특별하지만 그중에서도 첫 생명의 탄생은 더욱 특별합니다.

아직 젊던 할머니는 아기에게 입힐 작은 옷을 만들고 할아버지는 아기를 태울 그네를 만들었습니다. 옷과 그네를 만들면서 할아버지와 할머니는 얼마나 설레었을까요? 작고 예쁜 옷이 하나씩 만들어질 때마다, 아기에게 필요한 물건들이 하나씩 완성될 때마다 할아버지와 할머니의 부모마음도 조금씩 자라지 않았을까요? 옥상에 자리를 깔고 아이를 바라보는 할아버지와 할머니의 미소에서 몽글몽글 행복함이 묻어납니다. 혼자서는 아무것도 할 수 없는 아기를 키우면서 부모는 어머니로서, 아버지로서의 가치를 깨우쳐가고, 하루가 다르게 자라가는 아기는 신기한 기쁨을 부모에게 선사합니다. 부부는 이렇게 부모의 삶으로 나아갑니다.

한 생명으로 인해
새로워지는 관계

처음으로 부모가 된 부부는 지금까지의 생활과는 매우 다른 시간들을 맞이하게 될 것입니다. 겉으로 보면 숫자적으로 두 명에서 세 명이 된 것이 뭐 그리 대단할까 싶지만, 사실은 가족 내에 새로운 관계가 생겨난 것입니다. 바로 부모자녀 관계이지요. 나아가 조부모손자녀 관계까지 생각한다면 그 의미의 크기는 더 말할 필요가 없을 것입니다. 이제 가족 안에는 이미 있었던 부부관계와 처음으로 등장한 부모자녀 관계가 함께 존재하게 되었습니다. 새로운 관계가 새로운 역할을 가져오듯이, 자녀로 인하여 부부는 부모라는 새로운 역할을 얻게 된 것입니다. 무엇보다 가족이라는 공동체의 첫 구조가 형성되는 순간입니다.

아이가 태어나면서 서로를 바라보던 부부의 시선은 순식

간에 아이에게로 옮겨가게 됩니다. 이제 생활의 모든 초점은 아이에게 있습니다. 상황이 달라지면서 부부는 새로운 고민에 봉착합니다. 아기를 돌보는 일이 많은 시간과 에너지를 필요로 하다 보니, 부부는 자신들을 위한 시간이나 서로에게 애정을 표현할 에너지가 거의 남아 있지 않는 형편에 놓이게 됩니다. 심지어 대화 내용의 대부분도 아기에 대한 것으로 채워집니다. 힘써 아기를 잘 키우기만 하면 되는 줄 알았는데 아기를 돌보면서도 자신들의 부부관계를 잘 유지해가야 하는 복합적인 부담을 안게 된 것입니다. 그래서 이 시기는 가족에게 있어 중요한 전환점입니다. 부부가 새로운 방식으로 결혼생활을 풀어가야 하는 시점에 이르렀다는 것을 의미하거든요. 이후의 부부관계나 가족생활은 이 시기를 어떻게 지나왔느냐에 달려 있다고 해도 과언이 아닙니다. 서로 기꺼이 합력하고 일상생활을 다시 조정해가는 연습을 이어간다면, 부부는 부모로서의 첫걸음에서만 그치지 않고 부부로서도 또 한 뼘 성장하는 걸음을 내딛게 되는 것입니다.

모든 것의 시작,
사랑이 머문 첫 공간

커다란 물고기를 잡고 기뻐했던 일, 어느 날 잔뜩 쏟아진 함박눈으로 눈사람을 만들며 즐겁게 놀았던 일, 예쁜 양산을 받쳐 든 할머니와 뱃놀이를 나갔던 일….

아래로, 아래로 내려갈 때마다 만나는 모든 집에 추억이 남아 있었습니다. 마침내 할아버지는 맨 아래 집까지 내려갔습니다. 그 집은 아주 작은 집이었습니다. 하얀 벽에 산뜻한 빨간 대문이 예뻤던 집, 바로 이곳에서 할아버지와 할머니의 가족은 시작되었습니다. 이곳이 아직 땅이었던 시절, 할아버지와 할머니는 이곳에서 함께 자랐고 어른이 되어 결혼을 했습니다. 그리고 여기에 작은 집을 짓고 함께 살기로 한 것입니다. 할아버지와 할머니 가족의 처음이 담긴 곳, 신혼집입니다.

기억해야 할 것은
오직 하나, 적응!

결혼을 하는 중요한 이유 중 하나는 두 사람이 계속 같이 있고 싶기 때문일 것입니다. 함께한다는 그 하나만으로 생활의 모든 것은 달라집니다. 두 사람은 지금까지와는 전혀 다른 경험을 하게 되는 것입니다. 할아버지와 할머니처럼 어린 시절부터 함께 자랐다 하더라도 결혼 전에는 각자의 집이 따로 있었기 때문에 물리적으로도 심리적으로도 충분히 거리를 둘 수 있었습니다. 그러나 결혼을 하는 순간 그 거리는 사라지고 매일의 일상을 함께해야 하는 놀라운 상황으로 진입하게 됩니다.

신혼이라는 의미가 '신도 나지만 혼도 나서 그렇다'라는 얘기를 들어본 적이 있을 것입니다. 신혼생활이 정말 좋기도 하지만 그만큼 힘들기도 하다는 것을 우스개로 잘 표현하지 않았나요? 이런 이유로 신혼기에서 가장 중요한 것은 결혼에 대한 적응입니다. 부부는 서로에 대해 적응해야 하고, 직업이나 친족, 경제적 조건 같은 부부를 둘러싼 환경에 대해서도 적응해야 합니다.

신혼기에 어려움을 겪는 부부들을 만나면 대개 이와 관련된 어려움을 토로하는 경우가 많습니다. 나는 집에서 남편 혹은 부인을 기다리고 있는데, 이 사람은 밖에서 자기 볼일을 다 보고 들어온다든가, 친구 만나고 늦게 올 수는 있는데 연락은 해주어야 하는 것이 아니냐라든가, 치약은 왜 이렇게 짜냐, 아무리 그래도 그렇지 ○시까지는 와야 되는 것 아니냐든지, 심지어 여기서 '여자가/남자가'라는 단서가 붙는 경우도 있고, 옷이나 양말을 어떻게 이렇게 둘 수가 있느냐, 집 안 꼴은 왜 이러냐, 돈 씀씀이가 어떻다든지, 너무 간섭이 많다든지, 이런 얘기까지 시댁/처가에 하다니 등등의 온갖 시시콜콜한 것에서부터 정말 중요한 문제들까지 다양한 호소가 이어집니다.

그러다 급기야는 내게 이런 식으로 행동하는 것은 나를 사랑하는 게 아니다라든지, 우리는 안 맞다, 우리는 결혼해서는 안 될 사람들이었다 등의 극단적인 결론에 도달하여 미처 결혼에 적응하기도 전에 이혼을 하겠다고 나서는 경우도 많습니다. 사실 이런 어려움의 대부분은 이제부터는 낭만적 사랑만으로 충분하지 않다는 것을 알려주는 단서입니다. 낭만적 사랑이 두 사람을 결혼으로 이끌었다면 결혼 적응을 위해서는 다른 경험이 필요하다는 의미입니다.

'잡아놓은 물고기에게는 미끼를 안 쓴다'라는 속설이 있습니다. 이제 결혼했으니 다 되었다는 뜻일까요? 그런데 먹이를 주지 않으면 물고기는 죽을 수밖에 없습니다. 그러나 이것보다 더 큰 문제는 단순히 물고기만 죽는 게 아니라 물고기와 연결된 '관계'가 죽는다는 것입니다. 결혼해 같이 산다고 해서 부부의 관계가 저절로 만들어지는 것은 아닙니다.

관계는 투자를 필요로 합니다. 부부관계도 마찬가지입니다. 이전에 개인적으로 했던 활동을 조정하고 부부로서 같이 하는 활동을 만들어가거나, 부부교육을 받거나, 주변에 좋은 멘토가 있는지 찾아보고 정기적으로 그분들과 만남을 갖는 것도 좋습니다. 이렇게 신혼기 부부가 어떤 가치관을 가지고 어떤 가족을 만들어갈 것인지를 함께 찾고 실제로 적용해 나가는 일은 매우 중요합니다. 이 시기 부부가 공유하고 고민하는 모든 것이 반영되어 결국 그 가족의 관계와 문화가 만들어져 갈 것이기 때문입니다. 사랑과 기대, 그리고 수많은 조율 속에서 부부는 비로소 '가족'이 되어갑니다.

부부의 적응과 관련하여 신혼기는 앞으로 계속 이어질 결혼생활 적응의 기초를 만드는 시기이지, 적응이 완성되는 때는 아닙니다. 결혼생활이 지속되는 한, 부부의 적응은 계속적으로 진행되어야 합니다. 어느 한 시점에 가만히 머물러 있으면 안 됩니다. 가족은 움직이기 때문에 적응이 진행되지 않고 멈춰지면 부부는 변화가 있을 때마다 어려움을 겪을 것입니다. 부부의 적응은 매 고비마다 필요하고 또 성장해가야 합니다.

시간이 쌓아 올린 집, 여전히 이어지는 이야기

처음 집 위에 새로운 집을 짓고, 또 그 집 위에 집을 짓고, 다시 그 위에 또 집을 짓고, 이렇게 지어진 집들은 나무상자처럼 겹겹이 쌓였습니다. 그리고 할아버지는 계속 여기에서 살아왔습니다.

할아버지는 맨 아래에 있는 집 앞에서 한참을 앉아 있었습니다. 저 역시 이 장면에서 한동안 눈을 떼지 못했습니다. 많은 이웃들이 이 마을을 떠나갔지만, 할아버지가 이곳을 절대로 떠나지 못하는 이유를 이제서야 비로소 알 것 같았습니다. 이 땅은 할아버지와 할머니의 뿌리입니다. 그리고 맨 아래의 첫 번째 집은 할아버지와 할머니가 이룬 가족의 뿌리입니다. 그 바탕 위에 포개 올려진 집들은 시간이 품고 있는, 결코 포기할 수 없는 그리움이자 가족의 역사인 것입니다. 그리하여 그 모든 집들은 결국 할아버지인 셈입니다.

봄이 되었습니다. 할아버지의 새집이 완성되었습니다.

집은 이전보다 더 작아졌습니다. 그렇지만 이 집은 할아버지가 여전히 살아가야 할 삶이 있는 곳입니다. 할아버지의 삶이 이어지고 있는 한, 할아버지의 가족 발달은 아직 끝나지 않았습니다. 할아버지와 할머니가 수상 자전거를 타고 가는 마지막 장면이 이를 상징적으로 보여줍니다. 할아버지는 앞에서 열심히 페달을 밟고, 할머니는 챙이 긴 모자를 쓰고 뒷자리에 앉아 할아버지의 허리를 단단히 붙들고 있습니다. 이렇게 할아버지와 할머니는 같은 길을 오래 함께 걸어왔습니다. 그리고 이제 할아버지는 그 남은 여정을 이어받아 계속 걸어가고 있는 것입니다. 상실과 적응의 시간을 통과하며 살아가는 할아버지의 하루하루, 이것이야말로 가족의 또 다른 형상입니다.

하얀 벽 틈으로 노란 민들레가 한 송이 피었습니다. 할아버지는 꽃을 보며 빙그레 웃었습니다. 어떻게 여러 많은 꽃들 중에 민들레를 생각했을까요? 작가의 따뜻한 상상력에 탄복할 따름입니다. 한 개인이나 가족의 삶은 중요한 사회적인 주제들에 비하면 평범하고 보잘 것 없어 보이기까지 합니다.

그렇지만 그 소중함은 결코 작지 않습니다. 들판이든 길가든 흙이 조금이라도 쌓이는 틈새 어디서나 잘 자라는 민들레가 이런 작은 것의 가치와 강인함을 잘 보여주는 것 같습니다. 게다가 예쁘장한 꽃이 부드럽게 뿜어내는 노란빛의 봄기운은 잠시 바라보기만 해도 우리를 다정하게 맞아주어 지난하게 견뎌온 겨울을 잊게 할 정도입니다.

혼자 남은 할아버지의 삶이 꺼져가는 불꽃처럼 위태해 보이나 생명력 강한 민들레와 함께여서 반갑고 고맙습니다. '감사하는 마음'이라는 꽃말이 인생의 마지막 계절에 이른 할아버지의 미소와 만나는 마지막 장면은 잔물결처럼 조용히 마음을 두드리고 느릿한 울림을 던집니다.

나는 둘째입니다

정윤정 글·그림 | 시공주니어

가족은 시스템

오래전 제가 가족을 공부하겠다고 했을 때, 주변에서 의아스러운 눈길로 이렇게 물었습니다. '가족도 공부를 해야 하는 건가요?' '가족을 공부할 게 있긴 하나요?' '도대체 무얼 배우는 거죠?' 아마 당시 제 얘기를 들었던 사람들은 가족을 배운다는 것 자체가 매우 생경하게 다가왔던 것 같습니다. 그런데 사실 이런 반응들은 '가족은 공부를 필요로 하는 대상이 아니다, 가족은 살아가다 보면 저절로 알게 되고 만들어지는 것이다, 함께 잘 먹고 잘 살면 되는 것 아니냐' 하는 등의 막연한 메시지를 담고 있습니다.

그러면 저는 무엇을 배웠을까요? 새로이 배웠던 많은 내용들 중에 특별히 의미 있는 한 가지를 꼽으라면 '가족을 시스템적(체계적)으로 바라보는 관점'이라고 말할 수 있습니다. 가족은 단순히 각각의 사람을 모아놓은 것이 아니라는 것을 깨달았고, 가족이 서로 사랑한다고 해서 집안이 잘 굴러가는 것도 아니라는 것을 알게 되었습니다. 때로 가족은 오히려 사랑하는 그 마음으로 인해 상처를 입기도 합니다. 가족의 문제를 참고 견디며 할 수 있는 모든 방법을 다 동원해도 여전히 어려움이 남아 있는 경우도 많습니다. 무슨 이유일까요?

이것은 가족을 전체적으로 보지 않고 단편적으로 보기 때문입니다. 가족에게 문제가 생기면 보통 우리는 '○○가 문제야…' 혹은 '○○만 이렇게 바꾸면…' 등 문제 해결이나 변화의 책임을 한 사람에게 돌리는 경향이 있습니다. 그러나 시스템적 관점은 문제의 원인을 가족 구성원 한 사람의 탓으로 돌리는 것이 아니라 그 사람을 둘러싼 가족의 전체 맥락에 초점을 둡니다. 개인 중심적 시각에서 가족 중심적 시각으로 전환하여 가족을 바라본다는 의미입니다. 그러나 이것이 개인의 개별성을 부정하고 집단화시킨다는 뜻은 아닙니다. 만약 우리가 가족을 하나의 체계로 생각하는 관점을 가지고 가족을 보게 된다면 우리는 가족 안에서 벌어지는 많은 일들의 의미를 새롭고 온전하게 이해하게 될 것입니다.

이 그림책은 삼 남매 중 둘째였던 작가가 어린 시절 자신의 경험담을 이야기로 풀어낸 것입니다. 저를 포함하여 대부분의 사람들은 집에서 몇째였느냐에 따라 경험이 많이 다를 것입니다. 심지어 같은 사건인데도 서로의 기억에 차이가 있습니다. 단지 출생 순서가 다를 뿐인데 이렇게까지 차이가 생기다니 놀랍지 않나요? 가족 안에서의 출생 순서는 단순히 순서에 그치지 않습니다. 출생 순서는 가족 체계의 한 단면을 반영하고 있어서 가족의 상호작용에 영향을 미치기 때문입니다. 이 작품을 좀 더 자세히 들여다보면 이야기의 배경으로 작용하고 있는 가족 체계를 발견할 수 있습니다. 가족에 대한 새로운 접근을 알아감과 동시에 따뜻한 위트와 감동도 놓치지 않길 바라며, 둘째와 함께 작품 속으로 들어가 보겠습니다.

가족 안의 하위체계

표지를 보면 부모와 자녀들이 모두 한 이불을 덮고 잠을 자고 있습니다. 이 풍경에서 우리는 보편적인 가족의 기본 체계를 발견할 수 있습니다. 단독가구로 이루어진 1인 가족도 있지만 대개 가족은 아버지, 어머니, 자녀로 구성된 전체 가족 체계가 있고, 그 안에 부부 체계, 형제자매 체계, 부모자녀 체계라는 하위 체계로 이루어져 있습니다. 표지의 그림이 이 모든 체계를 한눈에 보여주고 있지요. 이 각각의 체계들은 독립적이면서도 유기적으로 작동하며 가족이라는 전체를 이루어갑니다.

여기서 부부 체계는 가족의 형태를 규정하는 데 결정적인 역할을 합니다. 자녀를 가운데 두고 양쪽 가장자리에 위치한 아버지와 어머니, 즉 부부이자 부모인 두 사람이 가족의 중심축이면서 울타리가 된다는 것을 자연스럽게 알게 됩니다.

그리고 부모 사이에 누워 곤히 자고 있는 아이들이 부모의 보호 속에서 안전하고 편안하다는 것을 발견합니다. 그림을 조금 더 볼까요? 아버지의 팔은 온 가족의 팔베개가 되고도 남아 뒤표지에까지 이어질 정도로 길게 뻗어져 있습니다. 어쩌면 이 긴 팔은 가족 안에서 보편적으로 아버지에게 기대하는 전형적인 역할과 책임의 상징인지도 모르겠습니다.

제목 디자인도 흥미롭습니다. '둘째'라는 글자의 색깔은 다른 글자와는 보색에 가까운 색깔로 구분하여 강조하면서, 동시에 '입니다'를 '둘째'보다 한 단계 아래에 두었습니다. 가족 체계적 관점에서 본다면 단순히 주인공이 집에서 몇째인가 하는 것을 넘어 가족 내에서의 주인공의 위치가 어떠한가를 의미하는 것이고, 이는 가족 내에서의 역할과도 무관하지 않습니다.

가족, 둘째의 시선으로
그려보다

표지를 넘기면 면지가 나옵니다. 앞뒤의 면지는 동일하고, 마치 꽃대처럼 보이는 하늘색의 수직선은 부드러운 질서를 보여주는 듯합니다. 속지는 면 전체를 바인더로 묘사하고 오른쪽 면에 프레임을 넣어 제목을 사진처럼 꾸몄습니다. 눈치 없이 슬쩍 누군가의 앨범을 들추는 것 같은데, 아니나 다를까 속표지 머릿그림에 아이의 사진이 보입니다. 바가지 머리를 하고 무릎에 턱을 괴고 앉은 여자아이입니다. 그리고 바로 옆에 '나는 둘째입니다'라는 제목을 두어 사진을 설명하는 효과를 내고 있네요. 아이의 시선이 제목 쪽으로 쏠려 있어 우리의 시선도 자연스럽게 그쪽으로 이끌려 갑니다. 이로써 우리는 이 아이가 둘째 아이이고 어떤 모습인지도 알게 되었습니다. 둘째는 어떤 이야기를 들려줄까요?

첫 장면에서 주인공은 먼저 자신의 가족을 소개합니다. 하루를 마치고 경운기를 타고 가는 다섯 식구의 모습이 담겨 있습니다. 영농이라는 글자가 쓰인 모자를 쓰고 경운기를 운전하고 있는 것으로 보아 아버지의 직업은 농부인 것 같습니다. 경운기 뒤에 어머니와 세 아이가 타고 있습니다. 바가지 머리의 여자아이, 붉은색 방울로 머리를 양 갈래로 묶은 여자아이 그리고 조금 더 어려 보이는 더벅머리 남자아이입니다. 둘째가 바가지 머리모양이니 머리를 묶은 아이가 언니, 남자아이가 동생이겠네요. 이 아이는 언니와 남동생 사이의 둘째인 모양입니다.

그날 밤, 모든 가족이 아버지의 긴 팔을 베고 잠이 들었습니다. 첫째인 언니는 아버지 곁에, 막내는 엄마 곁에 누워 있습니다. 신체적 접촉만 보아도 각각의 친밀함을 짐작할 수 있습니다. 심지어 막내인 남동생은 어머니와 아버지의 팔베개를 동시에 누리고 있습니다. 그런데 중간에 한 사람의 자리가 비어 있습니다. 어쩌면 둘째의 자리인지도 모릅니다. 둘째는 어디 있을까 의아해하며 눈길을 돌리면 가족 속에서 나와 혼자 뚝 떨어져 다른 자리에서 자고 있습니다. 같이 있는 네 명과 떨어져 혼자 있는 모습이 대비되어 뭔가 안쓰러운 둘째입니다. 둘째는 왜 여기서 자고 있을까요? 자다가 몸부림을 쳐서 이부자리 밖으로 나간 것일까요? 아니면 답답해서 따로 자고 있는 것일까요? 아니면 뭔가 서운한 일이 있어 삐진 것일까요?

둘째의 일상, 그 속에 숨은 진심

　　　　　둘째의 일상 얘기를 조금 더 들어보겠습니다. 가족 안에서 일어나는 일들은 많은 의미를 담고 있으니까요. 어머니께서 쇼핑을 다녀오신 날이었습니다. 쇼핑백이 어머니보다 훨씬 크게 그려져 있으니 쇼핑을 많이 했다는 의미겠지요? 가방 안에는 정말 물건들이 많이 있습니다. 언니의 옷, 신발, 머리핀, 참고서, 막내를 위한 축구공, 장난감, 운동화, 아버지를 위한 장화, 마스크 그리고 가족 전체를 위한 먹거리, 과일, 간식, 생필품 등이 가득입니다. 조용히 가방을 살펴본 둘째는 그 많은 물건들 중에 자신의 물건은 없다는 새삼스러울 것도 없는 사실을 재확인합니다. 하루이틀의 일은 아닌 듯한데, 이것이 무슨 상황인지 아마도 세상의 많은 둘째들은 충분히 짐작할 것입니다. 네, 손위 형제의 물건을 많이 물려받았던 바로 그 상황입니다. "오늘도 그 안엔 내 것이 없습니다"라는 짧은 문장 한 줄이 이렇게 서러울 수 있을까요?

아버지가 새 스케치북을 사 오셨습니다. 동생은 스케치
북의 양면을 오가며 마음껏 그림을 그리고 있습니다. 아버지
와 둘째가 같이 잡아주어야 할 정도로 큰 스케치북이어서 나
누어 쓸 법도 하지만 계속 동생 차지입니다. 지금까지 그랬던
것처럼 말입니다. 스케치북의 끄트머리에서 머리를 내밀고
"나도 좀 그리자!"라는 투정 섞인 요청에서 둘째의 간절한 불
만이 묻어납니다.

헤어스타일도 마찬가지입니다. 언니는 예쁜 머리핀이나
방울로 머리를 예쁘게 묶고 다니지만 둘째는 짧은 머리가 어
울린다고 합니다. 천을 두르고 짧은 단발로 머리를 자르는 둘
째가 보입니다. 이 장면에서 핵심은 색깔이 아닌가 싶습니다.
밝은 파란색은 신뢰나 믿음을 의미하기도 하지만 차가운 느
낌의 파란색은 슬픔이나 우울감을 의미하기도 합니다. 둘째
의 온몸을 감싸는 차가운 파란색 천, 눈 끝에 매달려 있는 파
란색 눈물 한 방울이 "난 바가지가 아닌데…."라는 혼잣말과
절묘하게 어우러집니다.

이런 마당에 한술 더 떠 옆집 할머니까지 둘째를 다리 밑
에서 주워 왔다며 속을 태웁니다. 어른들은 무심코 또는 재미
삼아 했던 말이겠지만, 어린 시절 어머니에게 혼나거나 서운
한 마음이 들 때면 정말 그런 게 아닐까 하며 불안해하고 서러
워했던 적이 있습니다. 비슷한 기억 탓에 일말의 망설임도 없

이 둘째에게 공감이 되면서 실존하지도 않는 이 옆집 할머니가 미워지는 순간입니다.

둘째는 밥을 받는 순서도 동생보다 앞서지 못합니다. 1, 2, 3 순위가 표시된 단상이 그려져 있는데, 누가 어디에 서 있을까요? 짐작하셨겠지만 아버지를 1위로 하여, 언니가 2위, 막내가 3위입니다. 반면에 둘째는 단상 자체도 없이 위축된 모습으로 옆에 서 있습니다. 둘째는 순서상으로는 분명 언니 다음인데, 막내인 동생에게 밀립니다. 내가 석중이보다 누나라고 말하는 목소리는 작지만, 그 말에는 마음의 무게가 실려 있습니다.

규칙이 만들어가는
가족의 리듬

가족을 하나의 체계로 바라볼 때 가족 내에 존재하는 규칙에 대해 알고 있으면 둘째의 이야기를 이해하는 데 도움이 됩니다. 사회가 질서 있게 유지되기 위해 사회적 규칙이 필요하듯이 일상에서 잘 인지하지는 못하지만 대부분의 가족들 역시 규칙을 통해 가족생활을 꾸려갑니다. 예를 들어 어른이 수저를 들기 전에 먼저 식사하지 않는다든지, 식탁에서의 자리라든지, 외출에서 돌아오면 먼저 손을 씻는다든지, 몇 시까지는 귀가해야 한다든지, 술주정 같은 나쁜 버릇이 있는 가족이 들어오면 슬그머니 자리를 피한다든지

하는 것들은 흔히 만나는 가족 규칙입니다.

　어떤 규칙은 모두가 알고 있기도 하고 때로 의논하여 정해지기도 하지만, 공개적으로 설명된 바는 없으나 반복을 통해 강력하게 작용하는 숨겨진 규칙도 있습니다. 가족 간의 상호작용은 암묵적 규칙의 영향을 많이 받습니다. 출생 순서, 성별, 암묵적 기대와 분배 방식 등은 각자의 심리적 위치와 감정을 형성하는 보이지 않는 규칙으로 작용합니다. 이런 규칙들은 우리가 가지고 있는 통념에서도 발견할 수 있습니다. 예를 들어 동성인 형제자매가 있을 경우, 손위의 물건을 동생이 물려받는 것을 당연시하는 것, 손아래 동생이 이성(특히 남자아이)이면 따로 구별하거나 특별하게 대하는 것 등입니다. 동성의 언니와 남동생 사이에 있는 둘째가 엄마의 쇼핑백 안에서 자신만을 위한 물건을 찾기가 어려웠고, 밥을 받을 때도 동생보다 늦게 받게 되는 상황이 생기는 것은 이런 규칙이 움직이고 있기 때문입니다.

가족은 소중한
밥상 공동체

　　　　　그렇다고 가만히 있으면 되나요? 자신의 존재를 알려야지요. 다음 장면이 흥미진진합니다. 둘째의 반란일까요? 밥상 옆에 벌러덩 드러누워 식사를 거부하며 본인이 토라졌다는 사실을 온몸으로 표현하는 중입니다. 언니와 동생 사이에서 자주 생략되는 존재, 그러나 그 자리에서 나름의 방식으로 존재를 외치고 있습니다. 그런데 엄마는 눈 하나 깜짝하지 않습니다. 둘째는 눈을 감고 있지만 오늘 밥상에 어떤 반찬이 올라올지 다 압니다. 이럴 때 엄마는 고기반찬을 하거든요. 큰맘 먹고 반항하는 중인데 고기라니요! 맛있는 냄새에 절로 군침이 돕니다. 엄마는 들으라는 듯이 '안 먹으면 손해'라고 큰 소리로 말합니다. 엄마는 둘째의 반항이 별일 아니라고 여기는 것일까요? 마음을 헤아려주지 못하는 것일까요? 그런데 혹시 엄마는 기회를 주고 있는 것은 아닐까요? 고기반찬에 기대어 둘째가 자존심을 다치지 않고 슬며시 밥상으로 복귀하도록 말입니다. 둘째와 엄마의 상호작용을 위트 있게 그려낸 작가의 온화한 공감이 그저 고마울 뿐입니다.

여기서 중앙 상단 양쪽 면으로 펼쳐져 있는 밥상이 시선을 잡아끕니다. 모두가 둘러앉을 수 있는 둥근 밥상입니다. 둥근 면의 절반만 그려져 있지만 나머지 반도 어떤 모습일지 충분히 상상할 수 있습니다. 둥근 밥상은 상석이나 말석이 없습니다. 그저 함께 한 상에 둘러앉아 먹고 마시면 됩니다. 가족이 함께 밥을 먹는다는 것은 서로를 받아들이고 연결되는 자리입니다. 이 숟가락 저 숟가락이 같이 찌개에 담기고, 맛난 반찬을 누가 많이 먹었는지 싸우기도 하고, 그러면서도 흐뭇한 시선이 오고 가는 곳, 바로 식구(食口)와 나누는 일상의 밥상입니다. 둘째가 뭐라고 투정한들 부모와 형제들이 넉넉하게 받아들이는 것은 이 둥근 밥상에서 하루의 삶을 나누며 모두가 똑같은 한 가족이라는 것을 경험해가기 때문인지도 모르겠습니다.

가족 앨범에 담긴
사랑의 흔적

둘째는 자신이 외톨이인 것 같습니다. 그도 그럴 것이 언니는 동생하고만 놀아주고, 동생은 작은 누나의 말을 잘 듣지 않습니다. 밖에서 놀다 은근슬쩍 구석에서 볼일을 보려는 누나를 지켜주기보다는 한술 더 떠 큰 소리로 우리 누나 좀 봐달라며 짓궂게 구니 말입니다. 이리저리 지친 둘째는 혼자 놀아보기로 합니다. 그림을 그려보기도 하고, 커다란 훌라후프도 돌려보지만 왠지 즐겁지가 않습니다. 방 여기저기에 하나씩 뚝뚝 흩어져 있는 크레파스, 스케치북, 주사위, 인형 등이 둘째의 마음을 대변하는 듯합니다.

둘째는 슬며시 책꽂이로 다가가 가족 앨범을 꺼내 책상 위에 펼칩니다. 가족이 함께 찍은 사진들을 보다가 그만 스르르 잠이 듭니다. 둘째는 어떤 사진들에 눈길이 갔을까요? 벽에 잔뜩 낙서하고 있는 둘째와 위쪽에서부터 흰색 페인트로 벽을 칠하며 그 낙서를 지워주는 동시에 새로운 하얀 벽을 만들어주고 있는 아버지가 보입니다. 아버지가 만들어준 세상에서 가장 큰 스케치북입니다. 둘째는 이렇게 큰 스케치북을 가진 적이 있었군요.

다른 사진에는 어느 추운 겨울날, 삼 남매가 애써 만들어 놓은 눈사람을 뜨거운 물을 부어 녹게 만든 친구를 합심해서 응징하는 모습도 있습니다. 삼 남매가 똘똘 뭉친 날입니다. 부모가 없는 자리에서 형제자매는 서로를 돌보는 지지 체계를 구축합니다. 형제자매 관계가 가지는 긍정적인 기능 중 하나지요.

또 다른 사진도 있습니다. 어느 봄날 저녁, 많이 아픈 둘째를 업고 어머니가 자장가를 불러주고 있는 모습이 담겨 있습니다. 따뜻했던 어머니의 등이 기억납니다. 조용조용 자장가를 불러주던 어머니의 목소리가 들리는 것 같습니다.

가족은
관계적이다

앞에서 이 책의 시작이 앨범을 펼치는 것 같다고 한 얘기를 기억할 것입니다. 사실 앨범은 단순히 사진 모음이 아니지요. 장면, 장면마다 얘기가 한가득입니다. 사진 찍던 순간이나 감정을 일깨우기도 하고, 까마득히 잊어버리고 있던 기억까지도 소환해주는 힘이 있습니다. 그러나 무엇보다 가족의 관계와 가족 안에서의 나를 보게 해줍니다. 그 누구도 배우자 없이 아내나 남편이 될 수 없고, 형이나 언니 없이 동생이 될 수 없고, 손주 없이 조부모가 될 수 없습니다. 그래서 가족 안에서 내가 누구이고 어떤 역할을 하는 사람인가 하는 것은 다른 사람의 존재에 달려 있습니다. 그래서 가족은 서로를 비추는 거울입니다.

둘째는 소외되고 외톨이라고 여겼지만 앨범을 보며 전혀 다른 자신과 가족을 만납니다. 언니와 동생에게 밀려났다고 생각해 화가 나고 서러웠지만 자신은 늘 가족과 함께였으며 계속 사랑받아 왔다는 진실을 마주하게 됩니다. 외롭고 지칠 때가 있나요? 혼자인 것처럼 느껴질 때가 있나요? 가족이 나를 이해해주지 않는 것 같나요? 가족사진이나 앨범을 펼쳐 보십시오. 가족 치료사인 주디 포드(Judy Ford)의 말처럼 '가족은 완벽해서가 아니라 소중하기에 사랑받는 존재'라는 것을 느끼게 될 것입니다. 가족과 분리되지 않고, 가족 속에 함몰되지 않고, 가족 안에 있으면서도 개별적인 나를 보게 될 때 비로소 자신과 가족을 객관적으로 이해하게 됩니다. 이 책의 앨범식 구성이 그래서 더 상징적으로 보이는 것 같습니다. 특히 개인의 사진에서 가족의 사진으로 이어지는 발상과 서럽고 외로운 기억이 엄마의 따뜻한 등으로 덮어지는 대목이 오래오래 마음에 남았습니다.

출생 순서는
관계 구조의 한 부분

'누워서 자야지!' 어디선가 아련하게 엄마 목소리가 들려옵니다. 이날 밤도 여느 때처럼 가족 모두가 아빠의 긴 팔을 베고 잠을 잡니다. 달라진 점이 있다면 한 명도 빠짐없이 모두가 한자리에 누워 있다는 것이지요. 이전에는 비워져 있었던 그 가운데 자리에 둘째가 떡하니 양팔을 벌린 채 누워 있습니다. 한 팔은 언니에게, 나머지 한 팔은 동생을 거쳐 엄마의 손에 닿아 있습니다. 둥근 밥상뿐만 아니라 한 이불 속에서도 이렇게 가족은 이어져 있습니다. 여기서 둘째는 자신의 가족을 다시 소개합니다.

"우리 가족입니다. 나는 둘째입니다."

기억하나요? 앞에서 가족과 자신을 분리하여 소개했던 둘째였습니다. 그러나 이제 이 둘은 하나로 합쳐져 있습니다. 이 둘째는 그전의 둘째와는 다른 느낌이겠지요? 물리적 출생 순서도 있지만 그 자체보다는 아이들이 지각하는 심리적 환경과 형제간의 관계에서 파생되는 심리적 지위가 더 중요하다고 했던 심리학자 알프레드 아들러(Alfred Adler)의 설명이 명확하게 이해되는 장면입니다. 지금부터 둘째는 여전히 둘째이면서도 더 이상 둘째가 아닌 것입니다.

출생 순서를 생각할 때 대개 우리는 그 순서에 먼저 시선이 가기 쉽습니다. 첫째니까, 둘째니까, 셋째니까, 외동이니까, 막내니까 등으로 순서를 어떤 일의 원인으로 두는 것이지요. 그런데 이것은 개인의 개별성에만 주목하여 가족을 너무 단면적으로 보게 하는 위험성이 있습니다. 출생 순서는 가족 관계구조의 한 부분이라는 것을 염두에 두어야 합니다. 예를 들어 가족 구조 안에서 둘째의 상황을 생각해본다면, 일단 둘째는 첫 번째로 태어난 아이가 아닙니다. 그래서 태어나면서부터 이미 공유하는 것에 익숙하고, 부모의 관심을 단독으로 받기 힘든 환경에서 성장하게 된다는 것을 생각할 필요가 있습니다. 이렇게 가족은 정서 공동체이면서도 눈에 보이지 않는 구조와 규칙이 작동하는 관계의 그물망이라는 사실을 잘 인식하기만 해도 가족 상호작용은 다른 모양으로 펼쳐져 나갈 수 있을 것입니다.

하나가 흔들리면
모두가 흔들린다

유명한 상담자인 버지니아 사티어(Virginia Satir)는 가족을 모빌(Mobile)에 비유했습니다. 가볍게 슬쩍 하나의 조각을 건드렸을 뿐인데, 모빌의 각 조각들은 서로 영향을 받고 결국 전체가 움직이게 되지요. 모빌처럼 가족은 서로에게 의지하는 특성, 즉 상호의존성이 있습니다. 가족 한 사람의 어떤 행동은 다른 가족 구성원의 과거 및 현재의 행동과 관련이 있고, 어떤 가족 구성원이 겪는 어려움은 그 한 사람만의 문제가 아니라 다른 가족 구성원들과의 관계적 상호작용과 연관이 있다고 보는 것입니다. 그래서 가족이 어떻게 상호작용 하는지를 아는 것은 매우 중요합니다.

둘째의 상호작용 방식을 살펴볼까요? 엄마의 쇼핑백 속

에 자신의 물건이 없을 때도, 원하지 않는 머리를 하게 될 때에도 속삭이듯 혼잣말을 합니다. 심지어 밥을 먹지 않겠다고 할 때조차도 큰 소리를 내기보다는 그냥 눈을 감고 누워 있을 뿐입니다. 언니와 동생이 놀 때도, 동생이 짓궂은 행동을 할 때도 둘째는 자신의 속상함을 조용히, 드러나지 않게 표현하고 있습니다. 강하게 자기주장을 하기보다는, 사람이나 상황의 주변을 맴돌며 소심한 반응을 보여주고 있습니다. 이것이 둘째가 보여주는 상호작용 방식입니다.

차분하든, 강하든 어떤 방식이든지 가족 구성원 한 사람이 보여주는 방식은 모빌의 한 조각처럼 다른 가족의 방식에 영향을 미치고 그 방식은 다시 본인에게 영향을 미칩니다. 이렇게 가족은 순환적인 흐름을 타게 됩니다. 그래서 각자의 상호작용 방식이 어떠한지, 이것이 어떻게 관계의 흐름을 이끌어내는지 아는 것은 정말 실제적인 도움이 됩니다.

다르지만 함께
연주하는 우리

둘째의 가족은 모두 다섯 명으로 이루어져 있습니다. 만약 우리가 책에 잠시 언급된 둘째의 이름을 따서 이 가족을 '윤정이네'라고 부른다면, 이 가족을 숫자 다섯 명으로만 생각하지 않을 것입니다. 우리가 어떤 가족을 이렇게 집안의 개념을 담아 부를 때는 눈에 보이지 않는 이 가족만의 고유한 특성도 함께 헤아립니다. 한 명이 타지에 있어서 실제 네 명이 같이 산다고 해도 마찬가지입니다. 이렇게 가족 전체는 단순히 가족 구성원 수의 합계를 넘어서는 특징을 가지고 있습니다. 가족의 이런 특성을 전체성(wholeness)이라고 합니다. 오케스트라를 떠올리면 이해가 쉬울 것입니다. 오케스트라는 각각의 연주자와 다양한 악기로 구성되어 있지만 연주할 때는 각각의 개별적인 소리가 아니라 아름다운 화음으로 빚어진 연주를 합니다. 가족 역시 각자의 음이 모여 하나의 음악이 되는 합주입니다.

마지막 장면이 인상 깊은데요. 가족 한 사람, 한 사람이 고유한 소리로 실존하면서도 한 이불 속에서 이어져 있는 모습은, 가족이 한 사람의 이야기로 설명되지 않는다는 것을 상징적으로 보여줍니다. 가족은 연결되어 함께 움직이는 유기체로 존재합니다. 전체성은 가족 구성원을 너는 너, 나는 나처럼 고립된 존재로 보지 않으니까요.

표지와 마지막 장면을 연결해보는 것도 재미있습니다. 표지의 그림은 톡톡한 이불과 가족들의 긴 옷으로 추운 계절입니다. 하지만 마지막 장면은 얇은 이불과 짧은 옷으로 더운 계절입니다. 이렇게 그림책은 가족의 시간이 흘러가고 있다는 것을 자연스레 알려줍니다. 시간의 흐름과 함께 새롭게 채워질 이 가족의 이야기들이 기대됩니다. 그래서일까요? 왠지 모를 안도감이 서서히 차오르면서 마음이 편안해지는 엔딩입니다.

숲속 사진관

이시원 글·그림 | 고래뱃속

숲속 사진관에 온 편지

이시원 글·그림 | 고래뱃속

다채롭게 변주되는 가족의 모습

얼마 전 친구가 여고 시절에 함께 찍은 사진 몇 장을 보내 왔습니다. 사진을 들여다보는 순간, 아스라이 간직되어 있던 옛 기억들이 기다렸다는 듯이 튀어나와 저는 단번에 그 시절로 소환되고 말았습니다. 부끄러운 듯하면서도 뭔가 은밀한 장난기가 느껴지는 표정, 생기발랄하고 호기심 가득한 눈망울, 그저 딱 붙어서 우리 사이에 어떤 빈틈도 허용하지 않겠다는 뜬금없는 결기가 느껴지는 모습 등등…. 사진에 푹 빠져 있다 보니 그때의 행복감이 가슴 전체로 퍼져가는 것 같았습니다. 손바닥만 한 프레임 속에 이리도 많은 얘기들이 압축되어 있을 줄이야! 사진은 순간의 한 컷에 불과한 것 같으면서도 거기서 끝나지 않는 정말 신묘한 힘을 가졌습니다.

많은 사진들 속에서 가족이 함께 찍은 사진만큼 마음을 울컥하게 만드는 사진도 드물 것입니다. 사진 속에 차곡차곡 담겨 있는 가족의 이야기는 즐거움이기도 하고, 상처이기도 하고, 그리움이기도 하고, 기쁨이기도 하고, 후회이기도 하고 서로를 보듬는 손길이기도 합니다. 그래서 가족사진은 단순한 기록을 넘어 더 커다란 떨림으로 다가옵니다.

소개하는 두 권의 책은 "가족사진은 그 가족만의 삶과 이야기, 그리고 말할 수 없는 모든 감정이 한 장의 사진에 녹아져 있기에 그 느낌을 잘 표현하고 싶었습니다"라는 작가의 설명이 모든 것을 말해준다 해도 과언이 아닙니다. 국내의 순수 창작 그림책이지만 영어 제목인 'Family Photo(가족사진)'가 조금 더 친근하게 느껴지는 것은 바로 작가의 이런 마음 때문인가 봅니다. 우리 곁에 이미 와 있는 다양한 가족에 대한 작가의 깊은 고민 덕분에 책장을 넘길수록 전해져 오는 따뜻함은 묵직하고, '아, 맞아…. 이런 가족도 있지' 하는 반가움은 더해집니다.

『숲속 사진관』은 표지보다 먼저 앞면지에 비스듬히 꽂혀 있는 스냅사진을 살짝 엿보면서 출발하면 더 재미가 있습니다. 들판에서 부엉이 사진사와 곰 조수가 어딘가를 바라보고 있는 모습인데요. 곰 조수는 촬영 장비를 가득 들고 있습니다. 이들의 시선을 따라 자연스럽게 속표지로 넘어가면 숲속 사진관이라는 아기자기한 간판이 우리를 반갑게 맞아줍니다. 가족사진 전문에 사랑을 듬뿍 담아 찍어준다는 글귀까지 보태지니 어떤 사진관일지 야금야금 호기심이 일기 시작합니다.

가족의 포즈,
그 속의 진짜 모습

넓은 들판에서 부엉이 사진사와 곰 조수는 손님맞이에 한창입니다. 아름드리 큰 나무의 단단한 가지들에 지난 사진들을 걸고 능숙하게 카메라와 조명을 점검하는 모습이 눈길을 끌기에 충분합니다. 이곳의 첫 손님은 과연 누구일까 살짝 조급증이 나서 얼른 다음 장으로 가봅니다. 타고난 용맹성과 어울리지 않게 수줍어하는 사자 가족의 모습에 어안이 벙벙합니다. 사인을 보내는 부엉이 사진사의 소리를 신호 삼아 책장을 넘기니 이런! 반전입니다. 조금 전까지의 부끄러워하던 모습은 온데간데없고 사진은 동물의 왕다운 포효로 가득 채워졌습니다.

다음 손님은 고릴라 가족입니다. 얌전히 입장해서 사진도 차분할 것 같지만 역시 아니었습니다. 부엉이 사진사는 고릴라 가족의 또랑한 눈빛과 커진 콧구멍, 가슴을 두드리는 모습을 잘 포착하여 이 가족 특유의 신난 모습을 완성했습니다.

예기치 못한 모습으로 자신들의 고유한 기질과 감정을 유쾌하게 드러낸 사자와 고릴라 가족입니다. 이리 명랑한 가족들을 보다 보니 문득 겉으로 보여지는 포즈에서 가족의 진솔한 모습을 찾아보는 것도 재미있을 것 같은 생각이 들었습니다.

하나뿐인 아이,
더 깊은 관계

　　　　그런데 가만히 보니 사자와 고릴라 가족은 자녀가 한 명뿐입니다. 코로 나팔 부는 코끼리 가족도, 기다란 목을 숙여 아이의 뺨을 쓰다듬어주는 기린 가족도 마찬가지입니다. 이런 가족을 '외둥이 가족'이라고 부르는데, 자녀의 성별에 관계없이 한 가정에 자녀가 한 명인 가족을 말합니다. 자녀가 있는 가족 형태 중에서 가장 작은 단위이지요. 사회적으로 저출산 현상이 심화되면서 꾸준히 증가하고 있는 가족 형태이기도 합니다. 가족 안에 존재하는 관계는 부모자녀 관계뿐이고, 형제자매 관계라는 것 자체가 아예 존재하지 않는다는 것이 외둥이 가족의 가장 뚜렷한 특징일 것입니다. 이것은 가족 안에서 아이를 지지하는 기반이 부모가 유일하다는 것을 의미합니다. 그렇지 않아도 자녀는 부모의 영향을 많이 받는데 상황이 이렇다 보니 외둥이 가족의 경우, 부모의 부부관계가 어떠한가 혹은 부모의 양육능력이 어떠한가가 자녀의 성장에 더욱 중요하게 작용하는 측면이 있습니다.

외동 부모의
속내 이야기

　　　　"사실 형제가 있는 아이도 양보를 잘 안 하는 경우도 많은데, 우리 아이가 그럴 때는 형제가 없어서 자기만 안다고 너무 쉽게 말들을 해요."

부모교육에서 만나는 외둥이 가족의 부모가 자주 말하는 어려움입니다. 이런 하소연을 들을 때 저는 대개 아이의 인성 발달은 형제 유무와 깊은 관련이 없다는 것을 알려주며 안심시켜주려고 하는 편입니다. 아이가 정말 사회성이 없으면 어쩌나, 이기적이 되면 어쩌나 하는 은밀한 불안이 부모 마음에도 있기 때문이지요. 엄밀히 말하면 좋은 인간관계는 그 사람의 관계 맺는 역량이 어떠하냐와 연관된 것이지 단순히 형제자매가 있고 없고에 달린 것은 아니라는 점도 빠지지 않고 짚어주려고 합니다.

"우리도 아이 키우면서 힘든 게 많은데 어디 가서 힘들다는 얘기를 못해요. 달랑 한 명 가지고 왜 그러냐 이런 눈으로 보거든요."

자녀가 하나밖에 없으니 상대적으로 힘듦이 덜할 것이라는 외부의 시선도 고민스럽습니다. 사실 부모 입장에서는 자녀가 하나밖에 없어 긴장감이 더 높기도 하고 문득문득 부모인 자신들이 죽고 나면 이 아이 혼자 남는다는 생각에 마음이 아파오는 때도 많은데 말이지요. 그런 데다 형제가 없어 자녀와 끊임없이 상호작용 해주어야 하는 일도 큰 부담입니다. 자녀 역시 부모의 시선이 분산될 만한 다른 대상이 없기 때문에 자신에게 집중되는 부모의 관심이 압박이 될 때도 많습니다.

외둥이 가족의 부모는 부부로서의 삶에도 더 영향을 받

습니다. 다른 가족과 비교했을 때 상대적으로 자녀 양육기간이 짧기 때문입니다. 부부관계가 좋은 경우에는 서로에게 관심을 쏟을 수 있는 장점이기도 하지만 그렇지 않은 경우에는 부부보다는 각자의 삶에 집중하며 서로 더 멀어지게 되는 단점으로 작용하기도 합니다.

외둥이 가족은 형제가 없다는 이유로 설명될 수 없는 관계의 밀도와 고민을 안고 있습니다. 가족이 작아 가족생활이 단순할 것 같지만, 작다고 해서 가벼운 것은 아닙니다. 그러나 혼자라고 해서 외롭기만 한 것도 아닙니다. 외부의 시선과 내면의 불안, 부모와 자녀의 밀접한 상호작용 속에 외둥이 가족만의 과제가 자리하고 있습니다.

둘만으로
충분한 가족

숲속 사진관은 나날이 번창하여 가족사진을 찍으려는 동물 가족들로 문전성시를 이루게 되었습니다. 이번에는 어떤 가족들이 찾아왔을까요? 서로를 감아 알록달록하게 예쁜 모습을 연출한 뱀 가족, 강렬한 눈빛으로 날개를 힘껏 치켜들며 위엄을 발산하는 독수리 가족에 이어 큰부리새 가족과 카멜레온 가족은 다정한 뽀뽀로 그들의 사랑을 뿜어냅니다. 자녀가 없는 이 가족들은 공통적으로 둘만으로도 충분하다는 듯 자신들의 연합을 강조하는 포즈를 보여

주네요. 이렇게 자녀 없이 부부만 사는 가족을 '무자녀 가족'
이라고 합니다.

　무자녀 가족은 이전에도 있던 가족 형태입니다. 다만 다
른 점은 전에는 여러 모양으로 노력했으나 아이가 생기지 않
아 부부만 살게 된 경우가 많았다면, 지금은 점점 자발적으로
자녀를 갖지 않는 가족이 늘어나고 있다는 것입니다. 양육이
나 교육에 대한 현실적인 부담이 커서일 수도 있고, 자기 계발
이나 부부의 삶을 더 살고 싶다는 욕구를 우선시해서 그럴 수
도 있습니다. 어떤 사람들은 자신이 좋은 부모가 될 수 있을지
를 염려하며 아이 낳는 것을 주저하기도 합니다.

가족의 완성은
자녀가 아니다

　　　　　이 모양 저 모양 아이를 갖지 않는,
때로는 갖지 못하고 있는 나름의 이유들이 있는데, 그것을 일
일이 설명하기는 어렵다 보니 주변에서 해주는 걱정이 때로
상처가 되기도 합니다. 많은 고민 끝에 도달한 결론임에도 뭔
가 문제가 있는 것처럼 바라보는 시선도 불편합니다. 자녀가
없어도 부부만의 유대와 선택은 존중받아야 할 가족의 형태
입니다. 혹시 곁에 무자녀 가족이 있다면 그들이 아이를 소중
히 여기지 않거나 귀찮아서 이렇게 선택하는 것은 아니다라
는 생각을 먼저 떠올려주면 좋겠습니다. 물론 아이 키우는 일

의 가치가 폄하되어서도 안 되지만 아이가 없다는 것을 너무 개인적인 측면으로 바라보는 것도 조심해야 할 부분인 것 같습니다.

가족의 행복과 가치는 출산 유무가 아니라 가족 간 관계의 깊이에 달려 있습니다. 무자녀 가족을 바라보는 시선 속에는 여전히 혈연 중심의 사고가 스며 있긴 합니다. 그러나 아이 없이도 충분한 연합, 이것이 또 다른 모습의 가족입니다.

동물 부부의 다정한 사진을 가만히 들여다보고 있자니 불현듯 나는 가족을 어떻게 바라보고 있었나 돌아보게 됩니다. 더 이상 결혼과 출산이 음식점의 세트 메뉴 같은 것이 아닌데, 은연중에 가족을 단순히 자녀가 있느냐 없느냐 하는 이분법적인 태도로 접근하고 있었던 것은 아닌지…. 문득 찾아드는 부끄러움을 얄팍한 반성으로 살그머니 덮어봅니다.

한 명의 부모,
가득한 사랑

작가는 또 다른 모습의 가족들도 소개하고 있습니다. 펄쩍펄쩍 뛰는 것을 좋아하는 캥거루 가족은 그들답게 아기주머니에 아기를 담았습니다. 뒤를 이어 나무늘보 가족이 등장합니다. 나무에 매달려 아기를 꼭 껴안고 있는 엄마와 그 품에서 편안한 아기의 미소가 귀엽습니다. 이들 가족은 부모 중 한 사람과 자녀로 이루어진 '한부모 가족'

입니다.

　부모가 한 명이라는 사실이 결손이나 결핍을 의미하는 것은 아닙니다. 부족하다고 여기는 시선은 오히려 이런 형태의 가족이 견뎌야 할 사회적 부담이 됩니다. 주변의 존중과 이해가 절실합니다. 그럼에도 한부모 가족을 대할 때 여전히 몇 가지 오해들이 있어 안타깝습니다. 아이는 양쪽 부모 모두가 있어야 잘 자란다든지, 미혼모·부, 이혼 등으로 한부모 가족이 되었다면 부모가 무엇인가 문제가 있었을 것이고 덩달아 아이도 문제가 있을 것이라는 생각 등입니다. 주변의 이런 고정관념이 한부모 가족이 꼽는 대표적인 어려움입니다. 경제적인 부분도 문제지만, 이것보다 정상에서 벗어났다는 사람들의 낙인으로 인한 괴로움이 더 큽니다. 그러나 한부모 가족이라고 해서 무조건 다 불행한 것은 아닙니다. 오히려 자신의 선택에 책임 있게 반응하고 당당히 새로운 선택을 펼쳐감으로써 만족스러운 삶을 사는 경우도 많습니다.

　부모가 한 명이니 숫자적으로 하나라고 생각해 한부모 가족이라 부른다고 생각하기 쉽지만, 한은 '크다, 가득하다'라는 뜻을 함께 가지고 있습니다. 이 소중한 의미를 담아 '크고 온전한 부모'로 한부모를 바라본다면, 우리는 그 순간부터 이들을 가족의 다양한 모습 중 하나로 충분히 존중하고 있는 것입니다. 부모가 한 명이라도 사랑은 온전히 존재할 수 있습니다.

낯선 만남,
자연스러운 가족

여러 가족사진을 보다가 '어, 이건 뭔가 다른데?' 싶은 사진 한 장이 눈에 들어옵니다. 커다란 입을 쩍 벌려 트레이드마크인 날카로운 이빨을 거침없이 다 드러내고 있는 악어와 그 이빨 틈으로 쏘옥 들어앉은 악어새, 서로 종이 다른 이 둘이 가족사진을 찍은 걸까요? 이들은 어떤 관계인가요? 자연스레 올라오는 궁금증을 눈치채기라도 한 듯 작가는 '어느새 가족이 된 악어와 악어새'라고 화답해줍니다. 아하! 이 가족은 '다문화 가족'인가 봅니다. 저는 여기서 '어느새'라는 표현이 무척이나 마음에 들었습니다. 파충류인 악어와 조류인 새의 만남을 통해 충분히 짐작되는 것처럼 다문화 가족은 다른 말을 하고 다른 국적, 다른 인종, 다른 문화적 특성을 가진 존재입니다. 그런데 서로 미처 알지 못하는 틈에 이미 가족이 되었다니! 이리 담백하면서도 멋스러울 수가 있을까요?

선입견 너머의
가족 이야기

꽤 오래 전에 다문화 가족을 위한 부부교육 강의를 한 적이 있습니다. 그때까지 저는 다문화 가족은 다 비슷하다고 생각했던 것 같습니다. 그런데 현장에서 만났던 부부들은 같은 나라에서 왔는데도 지역에 따라 다른 문화적 특징을 가지고 있었습니다. 마치 우리나라 각 지방의 문화가 다른 색깔을 보여주는 것처럼 말입니다. 다문화 가족도 각자의 모습으로 존재하는데, 저는 저도 모르게 하나의 일정한 이미지를 가지고 있었던 것입니다. 머리로는 그들의 문화적 정체성을 생각하지만 실제 마음으로는 헤아리지 못한 저의 어리석음이 고스란히 드러난 그날, 제가 할 수 있었던 것은 함께 있었던 여러 부부들의 얘기를 더 귀담아들으려 애쓰는 것밖에 없었습니다. 이후 교육이나 상담으로 다문화 가족을 만날 때마다, 주류 문화의 익숙함으로 그들을 대하는 건 아닌지 버릇처럼 살피게 되는 것은 전적으로 그날의 당혹스러움 때문입니다.

그 이름 '엄마'는
다 같다

결혼을 통해 이주한 여성의 경우, 대개 한국에 적응하는 과정과 엄마로서 적응하는 과정을 동시에 겪게 되는 경우가 많습니다. 이런 상황으로 인해 여성으로서 어머니로서 그들의 고민은 깊습니다. 언젠가 이런 여성들을 대상으로 아동발달에 대한 강의를 할 때였습니다. 내용이 쉽지 않고 시간적으로도 긴 강의여서 언어를 자유롭게 구사해도 힘든 프로그램이었습니다. 그럼에도 정말 열심히 공부하는 모습에서 국적, 문화에 상관없이 아이에 대한 엄마의 마음은 얼마나 근원적이고 보편적인 것인지 보게 되었습니다.

우리 아이가 잘 자라고 있는지, 내가 실수하고 있는 것은 없는지, 엄마가 몰라서 놓치는 것은 없는지 등등, 엄마인 자신도 잘 모르는 곳에서 태어난 아이가 혹시라도 어려움을 겪을까 싶어 작은 것 하나라도 점검하고 확인하려는 마음이 모두에게 자리하고 있었습니다. 그리고 그 마음 이면에는 아이를 키우며 오히려 더 짙어지는 그리움이 있었습니다. 언뜻언뜻 보이는 애잔한 눈빛을 마주하면서 한국에 왔으니 당연히 한국의 문화로 들어와야 한다는 일방적인 모습이 얼마나 무례한 태도인지 돌이켜보게 되었습니다.

다문화를 생각하면 '공존'이 떠오릅니다. 어느 한쪽이 우세하다고 해서 모두 그처럼 되어야 한다고 요구하거나 강요하지 않고, 서로의 정체성을 존중하며 함께 존재한다면 우리도 악어와 악어새처럼 '어느새' 가족이 되어 있지 않을까요?

여러 세대가
함께 사는 집

다음 가족은 미어캣 가족입니다. 그런데 이 집은 분위기가 많이 다릅니다. 어떻게 다르냐고요? 한마디로 북적북적입니다. 아하, 아이들이 많구나 하고 생각할 수 있겠지만 꼭 그렇지는 않습니다. 미어캣 가족은 할아버지, 할머니부터 손주에 이르기까지 3세대가 함께 살고 있는 대가족 즉, '확대 가족'입니다. 식구가 많다 보니 카메라 앵글에 다 들어오게 하는 것부터 관건입니다. 일단 아이 미어캣은 앞줄에, 어른 미어캣은 뒷줄에 자리를 잡았습니다. 그러고는 모두 옹기종기 모여 몸을 곧추 펴고 앞발을 다소곳이 모아 사막의 파수꾼다운 자태를 뽐냈습니다.

어린 미어캣부터 나이 든 미어캣까지 오밀조밀 모여 사는 미어캣과 확대 가족의 이미지는 많이 닮았습니다. 확대 가족은 결혼한 부부가 부모를 모시고 자녀와 함께 사는 가족을 말합니다. 때로 여기에 다른 친지가 함께 살기도 합니다. 핵가족이 보편화되면서 확대 가족의 모습이 많이 사라지긴 했지만 그래도 주변을 둘러보면 여러 세대가 어울려 사는 확대 가족을 제법 만날 수 있습니다. 가족이 많아 개인의 사생활이 부족하고 세대 간 갈등이 생기기도 하지만 어른의 의견을 따라가는 과정에서 자연스럽게 협력, 돌봄, 질서, 배려 등과 같은 가족의 교육이 이루어집니다.

이웃한 가족,
가까운 연결

최근에는 온가족이 한 동네에 모여 살면서 돌봄이나 가사, 집안 대소사 등을 서로 도와가며 가족 생활을 꾸려가는 '신 확대 가족(수정 확대 가족)'도 생겨나고 있습니다. 농사가 주된 생업이었던 과거에는 노동력이 매우 중요했기 때문에 대부분 대가족을 이루고 살았는데요. 점차 사회가 변화하면서 핵가족화가 되었고, 자녀 양육이나 부모를 돌보는 일에 어려움이 생기게 되었습니다. 이를 해결하려는 방안으로 새로운 모습의 확대 가족이 나타나고 있는 셈입니다. 신 확대 가족은 동네는 같지만 서로의 집은 다르기 때문에 각자의 사생활을 보호하면서도 개별 가족이 감당해야 하는 짐은 나누고 협력할 수 있다는 점에서 주목할 만합니다. 지역을 기반으로 확장된 가족 연대는 맞벌이, 돌봄, 노년의 삶을 함께 지탱해가는 새로운 가족 모델이 될 수 있습니다.

한바탕 다양한 가족들이 휩쓸고 간 후, 곰 조수는 큰 소리로 다음 손님을 불렀습니다. 그때 어디선가 자신도 가족사진을 갖고 싶다는 조용한 목소리가 들렸습니다. 돌아보니 꼬마 판다입니다. 그런데 이 판다곰, 왠지 낯이 익습니다. 어디서 봤을까 고개를 갸웃하며 앞으로 돌아가 보니, 사진관 개업 준비를 하고 있을 때 멀리 나무 위에서 이들을 유심히 바라보고 있던 바로 그 판다입니다. 손님이 없는 차분한 시간을 기다렸나 봅니다. 부엉이와 곰 조수는 판다의 위치를 잡고 조명과 카메라도 다시 조정했습니다.

저는 이 부분이 정말 인상적이었어요. 그림책 전체에서 유일하게 여기서 분위기가 달라지는 것도, 그 안에서 배어 나오는 작가의 온기도 참 좋았습니다. 작가는 강한 빛으로 이 장면을 감싸 들판의 본래 색감인 연초록색을 날려 보내고 마치 흑백의 모노톤인 것처럼 표현했습니다. 여기에 프레임을 더하니 사진을 찍으려 준비하는 모습이 이미 한 장의 스냅 사진이 되었고, 배경과 어우러져 도드라지지 않았던 인물의 모습이 오히려 또렷해졌습니다. 눈길은 자연스럽게 인물들에게로 향하고 혼자 사진을 찍으러 온 판다가 더욱 궁금해지는 순간입니다.

'혼자여도
가족입니다'

　　　　　　판다처럼 가족 구성원이 한 명인 가족을 '독신 가족'이라고 합니다. 아예 결혼 자체를 하지 않는 것에서부터 이혼이나 사별 이후에 재혼하지 않고 혼자 사는 경우까지 모두 포함합니다. 우리나라에서도 독신 가족은 꾸준히 증가하는 추세인데요. 결혼에 대한 인식이 달라지면서 결혼을 미루기도 하고 비혼을 선택하기도 하고, 독거 노인이 늘어나는 등 개인의 삶의 방식이 점점 다양해지고 있다는 것을 알 수 있습니다.

　　얼른 나이가 들었으면 좋겠다고 말하는 싱글 여성들의 얘기를 종종 듣습니다. 일정 나이가 지나면 사람들이 더 이상 자신에게 결혼에 대해 물어보지 않을 거라면서, 자신에게는 결혼 외에도 의미 있는 삶의 주제들이 많은데 주변의 관심은 왜 유독 결혼에만 쏠리는지 모르겠다는 말도 덧붙입니다. 이런 말을 들을 때면 우리가 얼마나 결혼 중심의 사고방식에 젖어 있는지 생각하게 됩니다. 각자가 추구하는 삶의 방식을 인정한다면서도 중요한 순간에는 상대방이 아니라 나에게 익숙한 잣대를 들이대니 말입니다. 내가 나의 삶의 자리를 편하게 받아들이는 것처럼 독신 가족의 자리도 있는 그대로 긍정해주는 마음이 자연스럽게 찾아오면 좋겠습니다.

필요한 것은 따뜻한
시선과 연결

독신 가족은 어디에 매이지 않고 자신의 뜻대로 삶을 영위해나갈 수 있다는 점에서 자유롭지만 한편으로는 혼자이기 때문에 더욱 적절한 자기관리가 요구되는 면도 있습니다. 무엇보다 외로움이나 어려움을 겪을 때 힘이 되어줄 친구 혹은 공동체가 필요합니다. 작가도 여기에 주목했을까요? 막 사진을 찍으려는 그 순간 어디선가 다급히 '잠깐'을 외치는 소리가 들립니다. 먼저 사진을 찍었던 숲속 마을의 동물 가족들이 여기저기서 모여들더니 판다를 가운데 두고 각자의 특징에 맞게 포즈를 취하기 시작합니다.

아하! 이렇게 너무나도 멋진 또 다른 가족사진이 완성되었습니다. 개별 가족에서 출발해 '마을 공동체'로 이어지는 마무리가 얼마나 유쾌한지 저는 이 가족사진에서 잠시 멈출 수

밖에 없었답니다. 판다를 둘러싼 숲속 친구들의 연대가 독신 가족을 향한 공동체의 다정한 응답인 것 같아 마음이 든든해 졌습니다.

이렇게 아름다운 마무리 뒤로 작가는 마치 예고라도 하 듯 뒷면지에 사진 한 장을 슬쩍 남겨놓았습니다. 부엉이 사진 사와 곰 조수의 여정은 이게 끝이 아닌 걸까요? 어딘가에 우 리가 아직 만나지 못한 또 다른 가족이 있는 것일까요? 이들 의 계획은 무엇일까요? 이런저런 궁금함을 잔뜩 남기고 『숲 속 사진관』은 끝을 맺습니다. 그리고 뒷면지의 이야기는 다음 그림책 『숲속 사진관에 온 편지』로 이어집니다.

숲속 사진관에
온 편지

어느 날 숲속 사진관에 누군가로부 터 가족사진을 갖고 싶다는 편지가 한 통 도착합니다.

이 편지의 주인을 만나기 위해 부엉이 사진사와 곰 조수 는 열기구를 타고 긴 여행을 시작합니다. 그리고 드디어 지도 에 그려진 곳에 도착했습니다. 서둘러 편지를 보낸 가족을 찾 아보지만 웬일인지 그들을 찾기가 쉽지 않습니다. 대신 이곳 에 살고 있던 다른 동물 가족들을 먼저 만나면서 부엉이 사진 사와 곰 조수는 그들의 가족사진을 찍어주게 됩니다.

어떤 가족들이 있냐고요? 말코손바닥사슴 가족, 사향소

가족, 바다코끼리 가족, 벨루가 가족, 북극곰 가족, 하프바다
표범 가족, 일각돌고래 가족, 북방족제비 가족, 북극레밍 가
족, 눈토끼 가족…. 네, 이곳은 바로 북극입니다. 숲속에서는
결코 만날 수 없었던 전혀 다른 가족들이었지만 가족사진을
찍고 싶어 하는 마음만은 똑같았습니다. 어디에 있든지, 어떤
모습으로 살든지 가족으로 연결되고자 하는 소망은 한결같은
모양입니다.

세대를 잇는
특별한 가족

북극을 가로지르며 많은 동물의 가
족사진을 찍어주었지만 정작 그들에게 편지를 보낸 가족은
여전히 만나지 못했습니다. 그래도 이들은 포기하지 않았어
요. 그리고 마침내… 편지를 보낸 이를 만났습니다. 바로 꼬마
북극여우였어요. 할머니 여우와 함께 살고 있는 꼬마 여우는
자신의 털만큼이나 하얀 눈밭 위에서 이들을 기다리고 있었
습니다. 부엉이 사진사와 곰 조수는 카메라의 초점을 맞추고
반사판을 세우며 얼른 사진 찍을 준비를 했습니다. 할머니는
자신의 풍성한 꼬리로 손주를 감싸고, 손주는 그런 할머니께
살며시 기댔습니다. 하얀 눈발이 흩날리는 분홍빛 배경이 압
권인데요. 너무 고운 장면이라 잠시만 보고 있어도 가족이란
단어의 진한 정서와 무게가 느껴집니다.

할머니 여우와 꼬마 여우는 '조손 가족'입니다. 조손 가족은 부모가 자녀를 양육하지 못하는 상황에서 조부모가 손자녀와 함께 살며 양육하는 가족을 말합니다. 조손 가족은 주로 부모의 이혼이나 재혼 혹은 사망으로 인해 부모가 부재할 때 이루어집니다. 그래서 사실 조손 가족은 자발적으로 만들어진다기보다는 어쩔 수 없는 형편 때문에 생겨나는 경우가 많습니다.

사랑하지만
걱정되는 내일

제가 '조손 가족을 위한 부모교육'에서 만난 분들은 대개 할머니들이었습니다. 한 명의 손주를 키우고 있는 분들이 많았지만 개중에는 두 명 혹은 그 이상을 키우고 있는 분들도 있었습니다. 삶의 끝자락에서 다시 시작된 돌봄이지요. 시간이 많이 지났는데도 조부모로서 어떻게 하면 손주들을 더 잘 키울까 고민하시던 그분들의 진지한 표정이 잊히지 않습니다. 도시의 조부모들을 만나든, 농촌의 조부모들을 만나든 모두들 한목소리로 호소하셨던 것은 '이미 나이가 있는데 이 아이들을 내가 언제까지 돌볼 수 있겠느냐' 하는 걱정이었습니다.

앞일은 알 수 없고 몸은 연로하니 마음 한구석, 손주를 향한 무한한 헌신과 불안이 동시에 자리하고 있다는 것을 알 수 있었습니다. 근래 체력이 떨어지고 있다고 느끼거나 혹은 건강이 안 좋아진다고 생각될 때 이 불안감은 더 커져갑니다. 손자녀 양육으로 체력이 더 저하될 수 있고 체력이 저하되어 손자녀 양육이 더 힘들어질 수 있는 딜레마가 돌고 있다는 것도 아이러니입니다. 여기에 '내가 요즘 아이들을 잘 몰라가지고…' 흐려지는 말끝에서 손자녀의 공부나 학교생활, 교우관계 등을 어떻게 지도해야 할지 모르는 무거운 당혹감이 드러납니다. 이미 한 세대를 훌쩍 뛰어넘을 정도의 큰 세대 차이는 조손 가족이 안고 있는 또 다른 어려움인 것입니다.

그럼에도 조부모는 조부모이기 때문에 가능한 넓고 깊은 사랑이 있습니다. 할머니 북극여우의 품처럼 조부모의 품이 주는 너그럽고 넉넉한 사랑은 이분들이 지니고 있는 소중한 힘입니다. '힘들어도 내 손주 내 손으로 키우고 있다'라며 뿌듯해하시던 모습에서 저는 그분들이 가지고 있는 삶의 긍지를 보았습니다. '이 아이들을 위해서라도 내가 건강해야 되고 열심히 살아야 된다'라는 말씀 속에 담긴 이타적인 마음과 강렬한 삶의 애착이 오래오래 제 마음에 남았습니다.

사진을 찍은 날 밤, 할머니와 꼬마 북극여우는 깊은 잠을 잤습니다. 꼬마 여우는 할머니의 품속에 쏘옥 안겨서, 할머니 여우는 그런 손주를 온몸으로 꼬옥 품었습니다. 서로를 껴안은 하얀 북극여우의 자태가 까만 배경과 어우러져 애잔하기까지 합니다. 그런데 할머니 북극여우는 다음 날 아침이 되어서도 깨어나지 못했습니다. 꼬마 북극여우는 할머니와 찍은 사진 앞에 웅크리고 앉아 있었지요. 부엉이 사진사와 곰 조수는 슬퍼하는 꼬마 북극여우 곁에 함께 있어주었답니다. 청량한 보랏빛 하늘이 신비롭기까지 한 깊은 밤, 하늘에는 할머니 형상의 백록색 오로라가 가득히 펼쳐졌습니다. 할머니의 마지막 인사이자 선물이었을까요? 셋은 할머니 여우가 발하는 그 찬연한 빛을 하염없이 바라보고 있었습니다.

혈연이 아닌
사랑이 만든 가족

부엉이 사진사는 숲속 마을로 돌아가기 전에 꼬마 여우에게 함께 가자고 말했습니다. 북극에 올 때는 둘이었지만 돌아가는 길은 셋이 되었습니다. 산을 넘고 바다를 건너 마침내 숲속 마을에 다다르자 귀향을 환영하듯 저 멀리 무지개가 이들을 반겨줍니다. 열기구를 재촉해 서둘러 돌아온 것은 사실 가족이 보고 싶어서였지요. 그리고 새로운 식구도 얼른 소개하고 싶었거든요. 그런데 집에 도착하니 새 식구를 데리고 온 것은 이들만이 아니었습니다.

누가 또 있냐고요? 바로바로 아기 부엉이들이었습니다. 부엉이 사진사가 집을 떠날 때 부인이 품고 있었던 알들에서 귀여운 아기 부엉이들이 태어났거든요. 엄마 부엉이는 꼬마 북극여우를 안아주었고 아빠 부엉이와 곰 조수는 올망졸망한 아기 부엉이들을 안아주었습니다.

　직접 낳지는 않았지만 이들은 기꺼이 서로를 가족으로 선택했습니다. 부엉이 사진사 가족은 이렇게 소중한 순간에는 무엇이 필요한지 잘 알고 있었습니다. 바로 가족사진이지요! 분홍 팝콘 같은 화사한 벚꽃을 배경으로 이들의 소중한 순간은 새로운 가족사진으로 남았습니다.

　이제 이들은 새로운 한 가족이 되었습니다. 이런 가족을 '입양 가족'이라고 합니다. 입양 가족은 친부모가 자신의 자녀를 양육할 수 없거나 혹은 양육할 의지가 없을 때 양부모가 친부모를 대신해 영구적으로 안정적인 가정을 제공함으로써 형성되는 가족입니다. 우리나라는 5월 11일을 입양의 날로 정해 지켜오고 있습니다. 한 가정이 한 아이를 입양해 새로운 가정으로 만들어가자는 뜻이라고 합니다. 건전한 입양문화 정착과 입양의 활성화를 위한 것이지만, 입양은 유교적 가치관이나 주변의 부정적인 시선으로 인해 여전히 쉽지 않은 선택입니다. 그런 데다 간혹 아동 학대가 발생했을 때, 하필 그 사건이 입양 가정에서 벌어진 일이면 마치 입양 가족이 학대의 온상인 것처럼 더욱 부각되기도 합니다. 이런 자극적인 접근이 입양 가족에 대한 의심이나 편견을 더 조장할 수도 있는데 말입니다. 오히려 가족 형태와 학대는 아무런 관련이 없으며 학대가 발생할 때마다 가족 형태와 상관없이 기본적으로 학대가 있어서는 안 된다는 점을 더 유념할 필요가 있습니다.

'우리 아이'라는 말로
이미 충분하다

입양은 끝까지 비밀을 유지하기 어렵습니다. 그런데도 공개 입양보다는 비공개 입양을 선호하는 것은 우리 속에 혈연 중심의 문화가 뿌리 깊이 깔려 있기 때문입니다. 내 일이 아니라고 어떤 입양을 하는 것이 더 좋다라고 쉽게 얘기할 수는 없지만, 그럼에도 조심스럽게 공개 입양을 제안하는 것은 이것이 원칙적으로 입양부모와 입양아 양쪽 모두를 위한 것이기 때문입니다. 정체성이나 인생관을 형성해가는 여정에서 비밀을 지키느라 짊어지는 부담이 오히려 걸림돌이 될 수도 있습니다. 오히려 서로 입양 사실을 알고 자신들에게 맞는 가족생활을 만들어가는 데 에너지를 쓰는 것이 더 긍정적으로 작용할 수 있습니다. 다행히 이전에 비해 많은 분들이 공개적으로 입양을 하고 자조 모임을 통해 연대하며 부모로서의 자질을 개발해가는 것은 참 고무적인 일입니다.

입양 가족을 만날 기회가 더러 있긴 하지만, 오래 전 잠시 미국에 머물 때 우연히 만났던 입양 가족이 오래 기억에 남습니다. 간단한 요기를 위해 들린 작은 시골 마을의 패스트푸드점에서 너덧 살 정도의 동양 꼬마 아이를 동반한 가족을 만나게 되었습니다. 마을 주민의 대부분이 백인인 마을에서 그 여자아이는 단번에 눈길을 끄는 존재였습니다. 금발과 푸른 눈 속에서 까만 머리와 까만 눈동자의 그 아이는 정말 해맑고 예뻤습니다. 동양인인 우리를 반기던 가족이 어디서 왔냐며 혹시 한국이라는 나라를 아느냐고 물었을 때까지만 해도 단순히 친절한 사람들이구나 정도로 생각하고 있었습니다. 그렇지만 그 아이를 가리키며 한국은 자기 아이의 나라라는 얘기를 듣는 순간, 말할 수 없는 고마움과 아픔이 동시에 밀려왔습니다. 아이에게도 너와 같은 나라에서 온 사람들이라 소개하며 언젠가 우리 가족이 다 함께 한국을 방문해보고 싶다는 소망을 내비치던 그 가족은 그 모습 그대로 활기차고 행복해 보였습니다. 낳지 않아도 마음으로 맺은 인연이 가족이 된 아름다운 모습이었습니다.

입양한 자녀에 대해 가슴으로 낳은 아이라는 표현이 있습니다. 생물학적 출산에 매이지 않는다는 의도겠지만 여전히 출산이라는 사건에 초점을 두는 것 같아 안타깝기도 합니다. 그저 '내/우리 아이'로 족하지 않을까요? 직접 낳았든 그렇지 않든 중요한 것은 어떻게 시작했는가보다 가족으로 연결된 이 사람들이 어떻게 함께 살아가는가입니다.

**하나의 가족에서
다양한 가족들로**

숲속 마을에서부터 북극까지 여러 동물 가족들을 만나면서 가족이 되는 데는 많은 방법이 있다는 것을 생각하게 됩니다. 흔히 생각하는 가족의 그림은 결혼을 하고 그 관계에서 태어난 자녀에 기초하고 있습니다. 여기에 근거해 함께 살고 정을 나누고 지원해야 한다는 것이 보편적인 신념이지요. 즉, 혼인과 혈연이 가족 형성의 필수적인 조건으로 작용해왔습니다.

그렇지만 이제는 'the family(하나의 가족)'가 아니라 'families(가족들)'의 시대입니다. 더 이상 이전의 전통적인 접근으로는 현대 사회의 다양한 가족들을 담아낼 수 없게 되었습니다. 사실 가족의 형태는 겉으로 드러나는 모양새에 불과합니다. 가족을 이루는 본질은 그 형태가 무엇이냐가 아니라 관계의 방식과 사랑의 깊이가 어떠하냐에 있습니다. 가족의 모습에 따라 장점과 단점이 있지만 그 안의 삶은 다 소중합니다.

뒷면지에 꽂혀 있는 또 하나의 사진이 우리의 호기심을 자극합니다. 열기구를 타고 밤하늘을 날고 있는 부엉이 사진사가 보입니다. 이번에는 꼬마 북극여우도 동행하고 있네요. 작가가 우리를 다시 어디로 데려갈지 벌써부터 기대가 솔솔 피어오릅니다.

책을 덮기 전에 글귀 하나를 오래 곱씹어봅니다. 가족사진을 찍은 북극 가족들이 모두 약속이나 한 듯 똑같이 한 인사말입니다.

"우리의 소중한 순간이 담겨 있네요. 정말 고마워요."

돼지책

앤서니 브라운 글·그림,
허은미 옮김 | 웅진주니어

가족을 반짝이게 하는 비밀

저자인 앤서니 브라운은 별도의 소개가 필요 없을 만큼 전 세계적으로 사랑받고 있는 영국 출신의 그림책 작가입니다. 그림책에 조금이라도 관심이 있거나 혹은 어린아이가 있는 집치고 이 작가의 책을 보지 않은 집은 아마 거의 없을 것입니다. 이 작가의 작품을 볼 때마다 늘 놀라는 점은 구성의 치밀함입니다. 여러 요소들을 무엇 하나 버리지 않고 잘 버무려서 작품이 전달하고자 하는 메시지를 빈틈없이 전달합니다. '그림책을 볼 때 가장 중요한 것은 그림책을 자세히 보는 것'이라 말하는 저자답게 글과 그림의 상호작용이 정말 절묘합니다. 섬세하고 사실적인 표현과 다양한 상징들로 작품을 채워가면서 주변에서 벌어지는 일상의 주제들을, 따뜻하게 때로는 위트 있게 표현하여 독자의 공감을 이끌어내고 있습니다. 이 책도 예외는 아니어서 그림책을 자세히 보면 내용을 더욱 깊이 이해하게 되는 재미가 쏠쏠합니다. 제목과 표지에서부터 이 즐거움은 시작됩니다.

돼지책이라니…. 간질간질한 호기심에 얼른 손이 간 책입니다. 돼지 이야기인가 싶지만 표지를 보면 그것은 아닌 것 같습니다. 표지는 돼지의 색깔을 암시하는 분홍색 배경에 따로 프레임을 두어 한 여성이 한 명의 성인 남자와 두 명의 소년을 업고 있는 그림을 담았습니다. 옷이나 머리 색깔로 보아 이 네 사람은 가족으로 보입니다. 그렇다면 엄마가 남편과 아들 두 명, 즉 가족 모두를 업고 있는 셈입니다. 얼핏 생각해도 어딘가 이상합니다.

게다가 함박웃음을 짓고 있는 남편, 미소를 띠고 있는 아이들과는 달리 모두를 업고 있는 엄마는 표정이 없습니다. 조화롭지 못한 표정과 기묘한 자세, 그림책 속 이 가족은 우리에게 어떤 질문을 던지는 것일까요? 표지부터 불편한 이 그림책은 역설적으로 가족의 실천 가치를 이야기하는 놀라운 메시지를 품고 있습니다.

피곳 씨와…
그들의 가족?

피곳 씨는 두 아들인 사이먼, 패트릭과 멋진 집에 살고 있었습니다. 두 발을 땅에 단단히 딛고 팔짱을 끼고 서 있는 피곳 씨와 두 아들이 꽤 번듯해 보입니다.

세 사람의 자세가 똑같아서 거의 일체를 이루고 있는 것처럼 보입니다. 게다가 멋진 집과 멋진 차까지 있었습니다. 다만 집의 창문이 집 안을 보여주고 있지 않습니다. 뭔가 이상하지 않나요?

피곳 씨는 초록색 지붕의 현대적인 이층집을 배경으로 스트라이프 무늬의 근사한 양복을 입고 노란 바탕에 빨간색 도트 무늬가 돋보이는 나비넥타이, 같은 무늬의 행거치프, 분홍색 부토니아, 잘 닦아 광이 나는 구두 등 머리부터 발끝까지 그야말로 완벽한 신사의 모습입니다. 두 아들 또한 빨간 재킷으로 멋을 부렸습니다. 힘, 열정 등을 상징하는 빨간색이 이 세 사람의 당당함을 더 돋보이게 하는 것 같습니다. 문득 피곳 부인은 어떤 색깔로 표현될지 궁금해집니다. 그러고 보니 가족을 소개하는 자리에 피곳 부인이 보이지 않네요.

존재하지만
보이지 않는 얼굴

피곳 씨의 아내는 집 안에 있었습니다. 신문을 크게 펼쳐 든 피곳 씨는 아침마다 부인에게 빨리 밥 달라고 소리쳤습니다. 신문에서 보이는 인물 사진들 역시 외치듯 입을 크게 벌리고 있습니다. 그러고는 피곳 씨는 '아주 중요한 회사'로 휑하니 가버렸습니다. 자녀들인 사이먼과 패트릭도 빨리 밥 달라고 한목소리로 외쳤습니다. 그러고는 '아주 중요한 학교'로 휑하니 가버렸습니다. 피곳 씨와 아이들이 떠나고 나면 피곳 부인은 '모든' 설거지를 하고, 침대를 '모두' 정리하고, 바닥을 '모두' 청소하고, 그러고 나서 일을 하러 갔습니다. 부인의 옷 또한 보잘것없는 존재감을 거들기라도 하듯 생기라고는 전혀 없는 무미건조한 색깔입니다.

작가는 이런 피곳 부인의 모습 하나하나를 개별 프레임으로 나누어 매우 자세하고 꼼꼼하게 묘사했습니다. 부인은 싱크대를 마주한 뒷모습으로, 집안일을 하느라 고개를 숙인 모습으로, 출근길 차비를 꺼내는 옆모습으로 그려졌습니다. 생김새가 명확한 얼굴로 정면을 향해 서 있던 식구들과는 전혀 다른 모습입니다. 부인이 어떤 역할을 하고 있는지는 뚜렷하지만 부인의 얼굴은 윤곽만 드러날 뿐 이목구비조차 희미합니다.

순수 우리말인 얼굴이라는 단어는 '얼'은 '영혼', '굴'은 '통로'라는 뜻으로 '영혼의 통로'를 의미합니다. 이런 점에서 윤곽만 드러난 얼굴은 이름 없는 헌신과 잊힌 존엄의 상징입니다. 가족 안에서 누군가의 얼굴이 흐릿해질 때 그것은 단순한 생략이 아닙니다. 반복된 역할 속에 인격이 사라진 사람입니다.

'존중'과 '협력',
가족을 세우는 뿌리

'아주 중요한'과 '모두'라는 표현을 반복적으로 사용해 그 의도를 분명하게 밝혀준 작가 덕분에 다른 부연 설명 없이도 가족 내에서 피곳 부인의 역할과 위치를 단번에 파악할 수 있습니다. 똑같은 일이라도 누구의 일이냐에 따라 무게감이 달라지거나, 사적인 일이라고 공적인 일에 비해 그 중요성이 폄하되거나, 특정한 역할은 특정한 사람만이 감당하거나, 한 사람이 여러 역할을 해야 하는 식의 흐름이 가정을 지배하게 되면 가족의 협력적 과정은 사라지게 됩니다.

특정 역할 담당자로서만, 예를 들어 부부가 남편과 아내로만 혹은 부모와 아이들이 아버지와 어머니, 자녀로서만 상호작용 하면 어떻게 될까요? 가족은 자신들도 모르는 사이 중요한 전제를 잃어버리게 됩니다. 서로를 가족 구성원이면서도 개별적인 인격체로 바라보고 존중해야 한다는 기본 전제 말입니다.

가족은 반복되는 역할 수행으로 유지됩니다. 그래서 가족은 서로의 위치와 역할을 균형 있게 바라볼 수 있어야 합니다. 만약 불균형의 함정에 빠지게 되면 존중과 교류는 희미해지고 가족은 조용한 착취의 구조가 되기 쉽습니다. 이렇게 되면 소외와 억울함이 은밀하게 자라가거나 희생을 빌미 삼아 자신의 뜻대로 식구들을 교묘히 조종할 수도 있습니다. 존중과 협력은 이런 위험에서 가족을 보호해줄 뿐만 아니라 그 균형을 회복하는 출발점입니다.

　결혼을 하고 나서 또는 부모가 되고서 깨닫게 되는 것들이 있습니다. 저 역시도 엄마가 된 후에야 비로소 돌아가신 어머니가 드러내지 않았던 혹은 드러내지 못했던 많은 간절함이 있었다는 것을 알게 되었습니다. 밤낮으로 보여주셨던 사랑과 헌신을 당연시하지 않고 그 이면에는 미뤄두었던 무언가가 있었다는 사실을 조금이라도 빨리 깨우쳤더라면 어땠을까요? 그랬더라면 어머니라는 호칭에 가려져 '사람, 여성'으로서의 어머니를 미처 알아차리지 못하고 존중하지 못했다는 회한과 그리움이 이리 아리게 다가오지는 않았을지도 모르겠습니다. 글을 쓰는 이 순간, '얼굴이 얼굴로서 드러나면 인간에 대한 사랑이 열린다'라는 철학자 에마뉘엘 레비나스(Emmanuel Levinas)의 말이 애달프게 느껴지는 것은 바로 이 때문입니다.

피곳 씨,
뭔가 이상하다!

　아이들은 아주 중요한 학교에서 돌아오면 가방을 아무렇게나 던져두고 재킷을 벗기도 전에 빨리 밥 달라고 외쳤습니다. 아빠도 예외는 아닙니다. 저녁이 되어 아주 중요한 회사에서 돌아온 피곳 씨도 부인을 아줌마라고 부르며 밥 달라고 재촉했습니다. 그런데 화려한 꽃무늬 소파에 앉아 주방을 향해 소리 지르는 피곳 씨의 그림자가 사람이 아니라 돼지입니다. 작가의 익살스러우면서도 의미심장한 메시지가 느껴지지 않나요?

식탁 앞에 앉은 피곳 씨가 한 손에는 나이프, 다른 한 손에는 소시지를 꽂은 포크를 들고 있습니다. 나이프와 포크를 강하게 움켜진 두 손, 꽉 다문 입 주변을 강조한 얼굴이 자신의 욕구를 채우고야 말겠다는 결연함을 드러내는 것 같습니다. 특히 '아줌마'라는 표현이 부인을 하찮게 여기는 피곳 씨의 속내를 잘 드러냅니다. 피곳 부인을 작은 프레임으로 나누어 표현한 것과는 대조적으로 피곳 씨의 모습은 한 면을 크게 다 채우고 있습니다. 그리고 피곳 씨와 아이들은 끝없이 먹을 것을 찾는 돼지처럼 밥 달라는 말만 외쳐대고 있을 뿐입니다. 여기서 돼지는 그저 동물이 아닙니다. 오로지 자신의 욕구에만 충실한 이기심의 그림자이고, 이제 그 모습이 드러나고 있는 것입니다.

가족을 단단하게 묶는 작은 표현들, '감사'와 '애정'

감사와 애정 표현은 작은 돌이 물속에 떨어졌을 때 생기는 일렁임처럼 삶의 영역에서도 잔잔한 파동을 일으켜 가족의 유대감을 더 단단하게 만들어줍니다. 가족의 강점에 주목하는 가족학자 닉 스틴넷(Nick Stinnett)은 이 효과를 '잔물결 효과'라고 불렀습니다. 또한 감사는 지적인 차원에서도 가능하지만 애정은 정서적 반응을 동반하기 때문에, 애정이라는 정서적 요소가 포함된 감사의 표현은 더욱 강력한 힘을 발휘한다고 밝히고 있습니다.

그럼에도 가족 안에서 감사와 애정의 표현은 정말 놓치기 쉬운 덕목입니다. 가족만큼 서로의 가치를 인정하고 표현하는 데 인색한 집단도 드물 것입니다. 어떻게 일일이 다 표현하느냐, 어색해서 못 하겠다라든지, 가족이라면 말하지 않아도 이해해야 하는 거 아니냐, 나 같은 스타일에게는 너무 힘든 일이다 등의 변명을 하지만, 어떤 이유를 붙여도 표현되지 않은 마음은 존재하지 않는 것과 같습니다. 특히 가족관계를 위협하는 것 중 하나가 짐작입니다. 분명한 소통이 아니라 모호한 소통으로 오해를 만들기 딱 좋습니다. 가족이 친밀함을 지향하는 집단이라는 점을 생각해 볼 때, 감사와 애정표현은 가족이라는 관계의 생명을 유지시키는 정서적 비타민입니다.

가족 사랑, 어떻게 표현되고 확인되는가

가족이 서로를 소중히 여긴다는 것

을 어떻게 알 수 있을까요? 이것은 결국 구체적인 표현으로 드러납니다. 방법은 다를 수 있고 반드시 극적일 필요도 없습니다. 오히려 매일매일의 수고를 기억해주는 작은 표현이 실제적으로 가족을 세우는 매우 중요한 동력이 됩니다. 그때그때의 따뜻한 말 한마디로, 부드러운 눈 맞춤으로, 간단한 인사나 가볍게 스쳐 가는 손길로 말입니다. 이런 표현들이 가족을 다시 이어 붙입니다.

'나는 그런 거 잘 못해, 우리 집은 그런 분위기가 아니야, 쑥스러워서' 등의 말로 비껴가지 말고 꾸준히 연습하기를 권합니다. 감사와 애정 표현은 선천적으로 타고나는 것이 아니라 배워가는 것이기 때문입니다. 그러니 어설프더라도 표현 자체를 아끼지는 마시기 바랍니다. 그리고 그 표현을 긍정적으로 받아들이는 것도 필요합니다. 일상에서 감사와 애정을 조화롭게 표현하고 그것을 잘 수용하는 훈련이야말로 가족의 정체성을 일궈내는 진짜 방식입니다.

물론 특별한 날에 걸맞은 특별한 표현도 있습니다. 아들이 고등학교를 졸업하던 날, 시어머니께서 오랜 손때가 묻은 여러 개의 통장을 아들에게 주셨습니다. "무탈하게 잘 자라주어 고맙다, 사랑한다" 하시며 아이 손에 쥐어주신 통장은 아이가 태어났던 달부터 시작해 고등학교를 마치는 달까지 매달 일정 금액을 저금하신 통장들이었습니다. 통장 지면이 다 되어 새로 발급받고 또 새로 발급받고 하다 보니 여러 개가 된 것입니다. 온라인 입금이 서투르셔서 그 오랜 시간 매월 은행에 직접 방문하신 수고까지 생각하면 그것에 담긴 사랑의 역사를 무엇으로 가늠할 수 있을까요?

그날 아들은 눈물을 훔치며 앞으로 자신이 힘들 때마다 할머니의 사랑의 수고를 생각하며 이겨내겠다고 말해 모두를 흐뭇하게 했습니다. 일상적인 것이든 특별한 것이든 어떤 것이든지 간에 깊은 사랑이 담긴 표현은 오래오래 남습니다. 이런 것들이 인생을 살아가는 동안 문득 문득 우리 자신을 가치롭게 여기도록 도와줍니다.

가족 친밀감을 키우는
'함께 시간 보내기'

피곳 씨와 아이들이 저녁을 먹자마자 피곳 부인은 설거지를 하고, 빨래를 하고, 다림질을 하고, 그러고 나서 먹을 것을 조금 더 만들었습니다. 여기서 섬세한 표현력을 자랑하는 작가의 솜씨가 새삼 돋보이는데요. 부인이 일하는 모습과 분위기는 아침과 크게 변하지 않았지만, 뒤로 보이는 배경은 조금씩 흐려지거나 지워져 있습니다. 그런데 피곳 씨는 이전보다 더 이상합니다. 그림자뿐만 아니라 양복조끼의 단추도 돼지 얼굴로 바뀌어 있습니다.

피곳 씨는 자신에게 어떤 변화가 있는지 전혀 모른 채, 거실에서 두 아들과 함께 TV를 시청하고 있습니다. 아빠는 개인 안락의자에, 아들들은 약간의 거리를 두고 소파에 앉아 있습니다. 그런데 아빠와 아들들이 떨어져 앉은 그 틈새를 파고든 TV의 위치가 절묘합니다. TV를 매개체 삼고 있는 세 사람의 시선이 당연히 TV를 향하고 있는 것은 어찌 보면 매우 자연스럽지만 여기서 질문이 생깁니다. 이 세 사람은 정말 함께 시간을 보내고 있는 것일까요?

같은 곳에 있으면서 같은 활동을 하고 있으니 그렇다고 볼 수도 있겠지만, 뭔가 고개가 갸웃거려지기도 하는 것은 적어도 같이 시간을 보낸다고 했을 때 우리가 기대하는 것이 피곳 씨와 아들들이 보여주는 모습은 아닐 것이기 때문입니다. 무언가가 빠져 있습니다. 바로 관심입니다. 서로를 향한 관심이 드러나지 않는다면, 함께 시간을 보내는 것이 아닙니다. 그래서 같이 있는 것은 쉬워도 함께 있는 것은 어렵습니다. 공간의 공유가 시간의 공유를 의미하지는 않기 때문입니다. 서로를 향한 시간, 관심, 참여가 없으면 가족은 그저 공동 주거자에 불과합니다.

서로에게 닿았던 때의 온기, 기억 속 행복이 되다

어린 시절 행복했던 기억을 떠올려 보면 맛있는 음식, 옷이나 인형 같은 선물 등도 있지만 늘 먼저 떠오르는 것은 함께 보낸 시간입니다. 해가 저물고 어둠이 살며시 내려앉던 시간, 동네 입구에서 아빠를 기다렸던 일이 생각납니다. 이제 오시나 저제 오시나 하며 차에서 내리던 사람들을 살피던 어린 소녀의 기다림이 기억납니다. 기다린 것이 아빠 손에 어김없이 들려 있었던 간식거리였는지 깔깔거리며 아빠 손을 붙잡고 집까지 걸어오는 둘만의 시간 때문이었는지 가끔 헷갈리기도 하지만, 생각할 때마다 기분 좋은 추억입니다.

엄마를 따라 저녁 예배에 가는 것도 좋았습니다. 빠지지 않고 떠오르는 것은 할아버지 같았던 목사님의 설교도 아니고, 함께 불렀던 찬송도 아닙니다. 여름에 엄마가 살랑살랑 부쳐주던 부채 바람, 겨울이 되면 따뜻한 난롯가에서 따닥따닥 장작이 타는 소리를 들으며 엄마 무릎을 베고 누워 있을 때의 충만한 안도감입니다. 지나서 생각하니 행복한 기억은 같은 공간에 함께 있을 뿐 아니라 서로가 서로에게 닿아 있을 때였습니다. 그래서 함께한 기억은 사랑보다 오래가는가 봅니다.

함께할 시간이 부족한 시대를 살고 있기 때문에 이런 시간을 보내는 것은 현대 가족에게 더욱 필요한 일입니다. 시간의 양이나 질도 생각해야 하지만 이보다 먼저 헤아려야 할 것은 지향의 문제입니다. 우리 가족의 시간의 방향은 어디로, 어떻게 흘러가고 있는가를 살펴보는 것이 우선입니다. 중요한 것은 어디에 집중하고 무엇을 선택하는가일 것입니다. 함께하는 시간은 그때의 가족 스스로도 미처 생각하지 못했던 유익을 가져다 줍니다. 가족에 대한 소속감도, 가족의 관계도, 우리는 어떤 가족인가 하는 가족됨도 모두 함께하는 시간을 통해 자라갑니다.

이 장면을 좀 더 들여다보면 TV 위에 놓여 있는 분홍색 돼지 저금통과 빨간색 스탠드가 멋진 거실의 이미지에 힘을 실어주려는 듯 강렬합니다. 그렇지만 여기서도 부인의 자리는 없습니다. 크고 화려한 거실에서 같이 있지만 떨어져 있는 세 사람과 작고 칙칙한 공간에 혼자 있는 부인까지 아울러 가족의 분리를 강조한 면이 놀랍습니다. 피곳 씨 가족은 부인 혹은 엄마에게 그저 밥 달라고 외치기만 했을 뿐, 간단한 대화조차 없는 가족이었습니다. 공간과 색을 통해 가족의 분위기를 이렇듯 명징하게 표현한 작가의 감각이 그저 감탄스러울 뿐입니다.

어느새 돼지로 물든
집 안 풍경

어느 날 저녁, 아이들이 학교에서 돌아와 보니 집에는 반겨주는 사람이 아무도 없었습니다. "엄마는 어디 있니?" 피곳 씨가 회사에서 돌아와 물었습니다. 까만 서류가방을 든 피곳 씨가 문을 열고 들어올 때 여러 가지 변화가 감지됩니다. 우선 피곳 씨의 얼굴이 보이지 않은 채 몸만 보입니다. 그리고 방문 손잡이, 전기 콘센트, 피곳 씨 양복의 부토니아까지 모두 돼지의 얼굴입니다. 벽지의 꽃무늬 하나 하나까지도 말입니다. 이뿐만이 아닙니다. 벽난로 장식, 벽난로 청소도구, 그 위의 화병도 돼지의 얼굴입니다. 한마디로 집 안의 모든 것이 돼지 이미지로 바뀐 것입니다.

피곳 부인은 집 안 어디에도 없었고 벽난로 선반 위에 봉투가 하나 놓여 있었습니다. 피곳 씨가 봉투를 열어 보니 '너희들은 돼지야'라고 적힌 편지 한 장만 달랑 들어 있었습니다. 편지를 든 피곳 씨의 손마저 돼지의 발이 되었습니다. 이 장면에서 거실 벽에 걸려 있는 그림 한 점이 눈에 뜨입니다. 원작은 18세기에 영국에서 활동했던 화가 토마스 게인즈버러의 작품 「앤드류 부부의 초상」입니다. 본래는 부부의 초상화이지만 여기서는 남편은 돼지의 얼굴로, 부인은 아웃라인만 있을 뿐입니다. 피곳 씨의 상황과 부인의 부재를 은유적으로 잘 반영해주는 그림이지요?

결국 돼지로 변한
피곳 씨 가족

"이제 어떻게 하지?" 피곳 씨가 말했습니다. 피곳 씨와 아이들은 손수 저녁밥을 지어야 했습니다. 시간이 많이 걸렸는데도 음식은 끔찍했습니다. 게다가 피곳 씨와 아이들은 피곳 부인이 말한 대로 어느새 돼지가 되어버렸습니다. 사실 돼지로의 변형은 단순히 물리적인 변화가 아닙니다. 가족 관계의 파괴를 보여주는 것입니다. 이 변화는 갑자기 찾아오지 않았습니다. 집 안 곳곳에 조금씩 나타났던 징조들이 있었지요. 신호는 이미 이전부터 시작되었지만 가족들이 무관심했을 뿐입니다.

이 장면에서도 재미있는 그림이 등장합니다. 원작은 17세기 네덜란드의 화가 프란스 할스가 그린 「웃고 있는 기사」입니다. 그런데 여기서는 주인공인 기사가 피곳 씨와 동일시된 것처럼 돼지로 변해버렸습니다. 남편이 편안할 때는 기사도 웃더니, 남편이 돼지가 되자 그림 속 기사도 돼지가 된 것입니다. 심지어 이제는 벽에 걸린 시계도, 부엌 창문 밖으로 보이는 작은 숲, 하늘의 달까지 돼지의 모습으로 바뀌었습니다.

다음 날 아침에도 피곳 씨와 아이들은 직접 아침밥을 지어야 했습니다. 시간이 많이 걸렸습니다. 그러나 음식은 여전히 끔찍했습니다. 식탁은 또 어떤지요. 여기저기 떨어져 있는 토마토 케첩, 새까맣게 탄 빵조각과 부스러기, 역시 먹기 힘들 정도로 까맣게 탄 소시지 등으로 엉망입니다. 피곳 부인이 차렸던 깔끔한 식탁과 비교될 수밖에 없습니다. 가족의 식탁은 보이지 않던 헌신이 사라졌을 때 비로소 그것의 부재가 집 안을 얼마나 뒤흔들 수 있는가를 가장 잘 보여주는 상징입니다.

다음 날, 그리고 그다음 날 밤, 또 그다음 다음 날에도 피곳 부인은 집에 돌아오지 않았습니다. 피곳 씨와 사이먼과 패트릭은 굶지는 않았습니다. 하지만 설거지를 하지 않았습니다. 빨래도 하지 않았습니다. 곧 집은 돼지우리처럼 되었습니다. 설거지는 산더미처럼 쌓이고 그렇게 멋졌던 피곳 씨와 아들들의 옷은 곳곳에 얼룩이 묻고 때가 타 꼬질꼬질해졌습니다. 저녁 식사는 여전히 끔찍했고 아이들은 엄마는 언제 돌아오냐며 꽥꽥거렸습니다. 집은 점점 엉망진창이 되어갔습니다. 균형이 무너지고 돌봄의 자리가 사라질 때 가족에게는 혼란과 절망이 배어듭니다. 피곳 씨 가족은 이제 그 현실을 마주하고 있는 것입니다.

마침내 돌아온
피곳 부인

피곳 씨와 아이들은 점점 더 심술을 부렸습니다. 이 심각한 대목에서 슬그머니 웃음이 나오는 것은 작가의 번뜩이는 유머 감각 때문입니다. 꾀죄죄한 돼지 삼부자가 꽥꽥거리고 있을 때 뒷문 창밖으로 어렴풋이 늑대 실루엣이 보입니다. 늑대가 여기서 왜 나오는지…. 불현듯 호시탐탐 돼지 삼형제를 잡아먹으려 했던 늑대 이야기가 떠오릅니다. 어찌할 바를 모르는 피곳 씨 가족에게서 나와 잠시 한 호흡 쉬어 가라는 작가의 배려일까요?

그러던 어느 날 밤, 마침내 집에 먹을 것이 모두 떨어졌습니다. 피곳 씨는 씩씩거리며 음식 찌꺼기라도 찾으려고 온 집 안을 샅샅이 뒤졌습니다. 이미 돼지가 된 그들은 먹이를 찾기 위해 땅을 파는 습성대로 엉덩이를 쳐들고 바닥에 코를 박았 습니다. 그런데 바로 그때 피곳 부인이 돌아왔습니다. 여기서 그녀가 등장한 위치가 절묘합니다. 피곳 씨와 아이들에게 점 령당했던 소파가 양쪽으로 나뉘어 있고 그 중간으로 들어온 것입니다. 피곳 부인이 분리된 소파 사이로 들어섰다는 것은 가족 안의 새로운 균형과 선택이 도래했다는 것을 의미합니다. 지금까지 피곳 씨와 아이들이 거의 세트처럼 일체화되어 행동했었다는 점을 생각하면 부인의 등장 위치가 얼마나 의 미심장한지 단번에 알게 됩니다.

달라진 가족,
다시 세워지는 관계

"제발 돌아와 주세요!"

피곳 씨와 아이들은 돼지처럼 네 발로 엎드린 채 쿵쿵거 렸습니다. 크고 진한 글자가 세 사람의 간절함을 대변해줍니 다. 세 사람의 명령적이고 지시적인 말투가 반성과 부탁의 말 투로 바뀌는 순간입니다. 이런 마음이 통했는지 피곳 부인은 집에 있기로 했습니다. 피곳 씨와 아이들은 다시 사람으로 돌아왔습니다. 내면적인 변화를 암시하는 듯 피곳 씨의 그림자까지도 다시 사람의 형상이 되었습니다. 피곳 씨는 설거지와 다림질을 했습니다. 패트릭과 사이먼은 침대를 정리했습니다. 피곳 씨와 아이들은 요리하는 것을 도왔습니다.

이제 부인의 분위기는 이전과는 확연히 다릅니다. 윤곽으로만 존재했던 얼굴도 또렷하게 보입니다. 더 인상적인 것은 부인의 겉옷 안으로 살짝 보이는 빨간색 옷입니다. 힘을 상징하는 빨간색은 줄곧 피곳 씨와 아들들만의 색깔이었는데, 지금은 가족 모두의 것이 되었습니다. 피곳 씨 가족이 달라지고 있는 것입니다. 이렇게 언어가 달라지고 행동이 따라올 때 관계는 회복되고, 가족은 다시 사람의 얼굴을 되찾습니다.

가족을 세우는 진짜 힘,
역할을 넘어선 헌신

일반적으로 가사노동이라고 부르는 집 안의 여러 일들은 가족이 일상생활을 유지하기 위해 거의 매일 해야 하는 '일'입니다. 가족은 이 일의 '가치'를 이해할 뿐만 아니라 이 일을 누가 해야 하느냐도 진지하게 고민해봐야 합니다. 역할을 바꾸거나 서로 조금씩 도우면 되지 않겠느냐라고 생각할 수도 있지만 너무 단순하게 생각하는 것입니다.

가족은 여러 가지 일로 시달리고 부대낌을 경험하기 때

문에 이런 접근만으로도 무언가 해결되는 것처럼 여겨질 수 있지만 사실 그것은 표면적인 것일 뿐입니다. 현대를 살아가는 가족에게 필요한 것은 성별에 따른 역할 그 자체에 구속되지 않는 것, 서로를 주변인으로 만들지 않는 것 그리고 돕는다는 접근을 넘어 가족의 일원으로서 함께 일한다는 유연한 헌신입니다.

피곳 씨 가족은 가족의 삶을 유지하기 위해 식구 전체가 기여하는 구조가 아니었습니다. 성별에 따라 어느 한쪽은 특권을, 다른 한쪽은 과도한 부담을 짊어지는 전통에 지배되고 있었던 탓에 피곳 씨와 아들들의 일은 '아주 중요한 일'이 되었고 가사노동이나 양육은 평가 절하되어 부인에게 집중되고 있었습니다. 그런데 이제 피곳 씨 가족이 그 고정관념에서 벗어나게 되면서 비로소 이전보다 훨씬 자유롭고 즐거운 상태가 된 것입니다. 가족은 고착된 특정 역할로 서로를 옥죄지 않으면서, 구체적인 행동으로도 헌신할 때 비로소 진정한 가족됨을 나누며 살아가게 됩니다.

이제 엄마도 행복해졌습니다. 그림책 말미에서 처음으로 또렷한 얼굴로 정면을 바라보는 엄마의 모습이 등장합니다. 엄마의 모습이 조금 작게 그려져 있어 아직은 이 행복이 견고하지 못한 것 같지만, 마지막 장면을 보면 이런 염려도 사라집니다. 정말 작가의 탁월함이 돋보이는 장면인데요. 피곳 부인이 빨간 자동차를 수리하고 있는데, 자동차 번호가 SGIP 321

입니다. 거꾸로 보면 123 PIGS입니다. 어떻게 이런 기막힌 상징을 만들었을까요? 마지막 장면은 이 가족이 여기서 멈추지 않고 꾸준히 수정, 보완해가면서 자신들만의 가족생활을 만들어가겠다는 마음을 표현한 것이라고 볼 수 있습니다. 자동차가 곧 집인 셈입니다. 보닛을 열고 자동차를 살펴보는 엄마의 밝은 얼굴이 앞으로 이 가족의 건강한 미래를 예견해주는 것 같아 감탄의 박수가 절로 나왔습니다.

또 하나 저의 시선을 끌었던 것은 첫 번째 페이지와 마지막 페이지입니다. 첫 번째 페이지를 펼치면 하얀 백지입니다. 마지막 페이지 역시 그러합니다. 아무것도 쓰거나 그리지 않은 종이라서 원하는 대로, 의도하는 대로 할 수 있는 것이 백지입니다. 어떻게 그릴지, 무엇을 그릴지 혹은 아예 그리지 않을지, 아니면 다른 무언가를 접을지 자유롭게 선택할 수 있습니다. 편집 의도가 있을 수도 있지만, 백지로 시작해 백지로 마감한 책에서 '선택'이라는 것이 처음에도 열려 있었고 말미에도 여전히 열려 있음을 보는 것 같아 은근한 흡족함이 밀려왔습니다. 가족의 과거의 삶이 어떤 모양으로 이어져 왔고, 미래의 삶이 또 어떻게 될지는 현재의 선택에 달려 있습니다.

부부가 모두 직업을 가질 것인지, 자녀를 낳을 것인지, 어디에 살 것인지, 집안일은 어떻게 할 것인지, 재정은 어떻게 할 것인지, 어떤 주제로 대화할 것인지, 여가 시간은 어떻게 할 것인지 등 선택은 늘 우리 앞에 놓여 있습니다. 어떤 선택을 하는가에 따라 가족의 삶은 다양한 방향으로 전개될 것입니다. 가족 내에서도, 가족과 가족 간에도 차이는 불가피하고 언제나 존재합니다. 그렇지만 강점과 잠재력이 발휘되는 선택이 중요한 것은 이것이 가족을 위기에서 일으켜 세우고 새로운 기회로 가족을 이끌어 가는 전환점이 되기 때문입니다. 가족은 당연하지 않습니다. 서로를 존중하고 협력하며 감사와 애정을 표현하고 함께 시간을 보내며 헌신하기로 선택할 때 비로소 가족은 '빛나는 관계'로 성장합니다.

2장

(둘에서 하나로,
가족이 관계가 되기까지)

토끼의 결혼식

가스 윌리엄즈 글·그림,
강무환 옮김 | 시공주니어

감정만으로는 부족한 사랑

작가 알랭 드 보통(Alain de Botton)은 그의 책 『낭만적 연애와 그 후의 일상』에서 이렇게 적었습니다.

"결혼의 시작은 청혼이 아니고 심지어 첫 만남도 아니다. 그보다 훨씬 전에 사랑에 대한 생각이 움틀 때이며, 더 구체적으로는 맨 처음 영혼의 짝을 꿈꿀 때다."

이 글을 읽었을 때 정말 그렇다는 생각이 들었습니다. 사랑은 어느 날 갑자기라기보다는 누군가를 상상하는 순간부터 이미 시작되었고, '영혼의 짝'으로 상징되는 낭만성은 사랑과 결혼에서 결코 간과할 수 없는 요인이니 말입니다.

가스 윌리엄즈의 첫 그림책인 『토끼의 결혼식』은 이런 흐름을 섬세하면서도 쉽게 그리고 낭만적으로 그려내고 있습니다. 겉보기에는 주인공 토끼들에게 일어난 일이 하루의 이야기처럼 보이지만, 실은 매일 이어졌던 오래된 사랑의 시간들이 담겨 있습니다.

전체적으로 색을 절제하면서 담채 화풍으로 묘사된 이 작품은 몽환적인 분위기와 자연스러운 편안함을 느끼게 합니다. 그러면서도 펜과 잉크를 사용하여 세밀한 묘사도 놓치지 않았습니다. 주인공인 두 토끼가 얼마나 정밀하게 묘사되었는지 손끝만 살짝 닿아도 그 복슬복슬한 부드러움이 느껴질 것만 같습니다. 두 토끼는 각각 흑과 백으로 대조를 이루고 있어 서로 매우 다른 존재임을 알 수 있습니다. 이렇게 다른 두 토끼는 어떻게 결혼에 이르게 되었을까요?

표지 양쪽을 모두 펼치면 마치 커다란 숲에 들어와 있는 느낌을 받게 됩니다. 세로로 길게 된 판형이 숲을 더 깊어 보이게 합니다. 표지의 느낌은 맑고 부드럽습니다. 앞표지에는 예쁜 노란색 꽃을 하얀 토끼의 귀에 꽂아주고 있는 까만 토끼와, 숲의 개울을 거울 삼아 이미 한쪽 귀에 꽂혀 있는 꽃을 다듬고 있는 하얀 토끼가 있습니다. 은은한 연둣빛을 배경으로 노란색이 돋보이고, 하얀 토끼를 바라보는 까만 토끼의 시선에는 다정함이 묻어납니다. 뒤표지에는 나란히 손을 맞잡고 경쾌하게 개울가를 향해 뛰어가고 있는 두 토끼의 뒷모습이 보입니다.

속표지의 배치는 무척 인상적입니다. 중간에 그려진 나

무가 경계가 되어 양면이 나누어집니다. 나무 왼쪽 나지막한 언덕에서 까만 토끼가 두 귀를 쫑긋 세우고 진지한 눈빛으로 아래쪽을 바라보고 있습니다. 시선을 따라 아래편을 보면 어디론가 뛰어가고 있는 하얀 토끼가 보입니다. 그 위로 제목인 '토끼의 결혼식'이 자리하고 있어 하얀 토끼를 향한 까만 토끼의 마음을 살짝 엿보게 되는 것 같습니다. 두 토끼 사이에 떡하니 자리 잡은 커다란 나무는 아직은 서로의 마음이 닿지 못했음을 슬쩍 알려주는 것이 아닐까요? 애틋한 마음을 담백하게 잘 버무린 작가의 솜씨가 예사롭지 않습니다.

사랑은 눈에서
시작된다

'사랑은 눈으로 흘러든다'라는 시인 예이츠(Yeats)의 시구처럼 바라보는 일은 마음의 문을 여는 첫 열쇠입니다. 누군가를 좋아하게 되면 자신도 모르는 사이 늘 눈길은 그 사람을 좇아갑니다. 그 사람이 웃는 걸 보면 나에게도 미소가 걸리고, 그 사람이 슬퍼 보이면 덩달아 나도 우울해지고, 그 사람이 화가 나 보이면 괜스레 주먹이 쥐어지곤 합니다. 그 사람이 괜찮은지 늘 살피게 되지요. 까만 토끼의 시선이 그렇습니다. 하얀 토끼를 따라가는 까만 토끼의 시선은 책 전체를 관통하고 있습니다. 놀이를 할 때도, 잠시 쉴 때도, 고민을 나눌 때도 까만 토끼는 하얀 토끼를 자신의 눈에서 놓지 않습니다. 까만 토끼의 눈길은 자신의 마음을 건네는 방식인 것입니다. 사랑은 이렇게 눈에 담기는가 봅니다.

커플을 상담할 때, 가끔 서로를 마주 보며 눈을 맞추라고 주문하는 경우가 있습니다. 대부분의 커플들이 얼마나 당황스러워하는지요! 어색해하며 주저하기도 하고 헛웃음으로 슬쩍 넘어가 보려고도 합니다. 마주 보기보다는 서로 다른 곳을 보는 것이 더 익숙하다는 뜻일 겁니다. 그런데 보는 방향이 달라지면 마음의 방향도 달라질 수 있습니다. 그러다 결국에는 관계마저 어긋나게 되지요. 마주 본다는 것은 서로를 느끼고 함께 하는 첫걸음입니다. 그래서 우리는 '서로 바라보는 일'을 멈추어서는 안 됩니다. 나는 누구를 바라보고 있는지, 바라보는 일을 잊은 것은 아닌지, 누구와 다시 마주 보고 싶은 건지…. 부부는 스스로를 향해 질문해볼 필요가 있습니다.

열정, 가슴을 뛰게 하는
사랑의 시작

첫 장을 펼치니 안개가 깔린 듯 어슴푸레한 숲속입니다. 뭔가 신비한 느낌을 주는 이 숲에 하얀 토끼와 까만 토끼가 살고 있습니다. 숲속 한편 노란 꽃들 사이에 두 토끼가 나란히 앉아 있습니다. 똘망한 눈망울이 안개 속에서 더 빛나 보입니다. 민들레 홀씨, 클로버, 노란 들꽃들 속에서 두 토끼는 이른 아침의 햇살을 벗 삼아 하루를 시작합니다.

아침 햇살 속으로 뛰어들고 있는 두 토끼의 표정에서 하루를 시작하는 힘찬 기운이 느껴집니다.

두 토끼는 하루 종일 둘이서 놀아도 좋기만 했습니다. 하얀 토끼가 좋아하는 '폴짝 휙 깡충 넘기 놀이'를 하기에도 이 넓은 들판보다 더 나은 곳을 찾기는 어려울 것입니다. 하얀 토끼의 등 위를 폴짝, 휙, 깡충 뛰어넘으면서도 까만 토끼는 하얀 토끼에게서 시선을 떼지 않습니다. 하얀 토끼 역시 고개를 들어 까만 토끼를 바라봅니다. 이렇듯 늘 함께 있고 싶고 서로에게 몰두하게 만드는 이것, 바로 열정입니다.

우리가 흔히 사랑에 빠졌다고 할 때, 사실 그것은 열정을 의미하는 것입니다. 열정은 사랑의 시작점이자 촉매입니다. 열정은 사랑의 동기입니다. 열정은 나를 변화시킵니다. 상대를 위해 더 나은 사람이 되도록 우리를 독려합니다. 열정이 있어 우리는 누군가를 뜨겁게 사랑할 수 있습니다. 그리고 그 뜨거움은 고운 실이 되어 우리의 인생을 아름답게 수놓고, 삶을 매혹적으로 만들어줍니다.

그러나 열정만 있는 사랑은 도취된 사랑입니다. 그 순간의 감미로운 감정에만 열중하는 사랑입니다. 열정은 사랑을 뜨겁게 해주지만, 시들게도 하고 차갑게도 합니다. 그래서 열정만으로는 사랑을 지탱할 수 없습니다. 열정은 다른 요소와 어우러질 때 비로소 오래 타오를 수 있습니다.

사랑이 깊어지면
고민도 깊어진다

까만 토끼가 갑자기 털썩 주저앉습니다. 눈꼬리가 처지고 귀를 늘어뜨린 것이 몹시 슬픈 표정입니다. 하얀 토끼가 눈이 동그래지며 왜 그런지 물어봅니다. 까만 토끼는 그저 생각할 게 있다고만 합니다. 하얀 토끼는 그런가 보다 하고 넘어가지만, 사실 까만 토끼의 고민은 두 토끼가 무엇을 하든지 계속 그들 중에 머물러 있습니다.

노란 미나리아재비꽃과 하얀 데이지꽃이 흐드러지게 피어 있는 들판을 누비며 숨바꼭질을 할 때에도 그랬습니다. 하얀 토끼는 장난기 어린 표정으로 풀섶에 납작 엎드려 숨어 있고, 까만 토끼는 술래가 되어 몸을 힘껏 곧추세워 하얀 토끼가 어디 숨었는지 살펴봅니다. 그런데 왜 하필 이 꽃들인지요! 천진난만, 순진이라는 각각의 꽃말이 까만 토끼의 마음을 모르는 하얀 토끼의 해맑음과 절묘하게 맞아떨어지는 것 같습니다. 작가의 섬세함에 여간 유쾌해지는 것이 아닙니다.

목이 마르도록 신나게 뛰어놀았던 검은 딸기덤불 돌기놀이를 할 때에도, 숲속 옹달샘에서 물을 마실 때에도 예외는 아닙니다. 열심히 물을 먹고 있는 하얀 토끼와는 달리 까만 토끼는 물을 마시다 말고 하얀 토끼를 물끄러미 바라보고 있습니다. 배가 고파 민들레 밭으로 뛰어가 그 잎을 먹을 때도 마찬가지였습니다. 맛있게 먹는 하얀 토끼와 달리 까만 토끼는 먹다 말고 다시 슬픈 표정을 지었습니다. 사실 사랑이 깊어질수록 그 안에는 기대와 불안, 침묵, 그리고 질문들도 깊어집니다. 이런 면에서 까만 토끼의 잦은 멈춤은 둘의 관계에 대한 진지한 성찰과 내면의 이야기를 담고 있는 것입니다.

친밀감으로 깊어지는 사랑

그런데 하얀 토끼가 전과는 다른 반응을 보입니다. 이전에는 하지 않았던 행동인데요. 그것은 바로 질문입니다. 까만 토끼에게 뭘 그렇게 생각하는지 진지한 태도로 물어봅니다. 이 질문이 두 토끼의 관계에 어떤 디딤돌이 될까요? 사실 지금까지의 하얀 토끼는 상대방보다는 자신의 관심사에 더 마음이 쏠려 있었습니다. 폴짝 휙 깡충 넘기 놀이에서부터 두 토끼가 함께한 모든 일은 하얀 토끼가 원하는 것들이었습니다. 까만 토끼의 슬픈 모습을 볼 때에는 왜 그러는지 잠깐 궁금해하긴 했지만, 곧 자신이 하고 싶은 일로 돌아가곤 했습니다. 이제 하얀 토끼는 단순한 궁금증을 넘어 까만 토끼의 고민에 조금씩 다가서고 있는 것처럼 보입니다. 하얀 토끼의 이런 변화는 상대에게 관심을 갖기 시작한 순간에서 시작됩니다. 그래서 진심 어린 질문은 마음을 연결하는 다리가 될 수 있습니다. 혹시 누군가에게 다가가고 싶다면 자신이 아니라 그 사람을 질문해보세요.

까만 토끼가 다소 주저하며 그냥 소원을 빌고 있다고 대답합니다. 까만 토끼의 반응도 달라졌지요? 조금씩 속내를 꺼내기 시작합니다. 질문에 답하면서 말입니다. 이렇게 서로를 알고자 하는 움직임에서 친밀감은 자라납니다. 친밀감은 상대방의 혼란이나 고민에 공감하고 반응하게 합니다. 열정은 우리를 사랑에 빠지게 하지만, 친밀감은 그 사랑을 지속시키는 힘이 있습니다. 그래서 친밀감은 사랑을 깊어지게 하는 정서적 연결입니다.

친밀감은 '조심스럽게' 가꾸지 않으면 상처를 입을 수 있습니다. 어떻게 가꾸어야 할까요? 일상에서 함께하는 시간과 서로를 존중하는 마음은 친밀감의 가장 기본적인 영양분입니다. 편안하면서도 따뜻한 사랑을 원한다면 시간과 존중이라는 영양분을 놓치지 말아야 합니다.

까만 토끼의 소원은 무엇이었을까요? 까만 토끼는 하얀 토끼와 영원히 함께 있는 것이 소원이었습니다. 하얀 토끼는 깜짝 놀랐습니다. 두 귀는 쫑긋, 두 눈은 휘둥그레, 몸을 꼿꼿이 세우느라 두 발은 땅에 단단히 붙일 수밖에 없었습니다. 그리곤 곰곰이 생각했답니다. 하얀 토끼는 까만 토끼에게 뭐라고 대답했을까요? 까만 토끼의 소원은 이루어질 수 있을까요?

사랑, 함께 걷는
약속

　　　　　　하얀 토끼는 왜 더 어려운 걸 바라지 않느냐고 오히려 되물었습니다. 이거 밀당인가요? 이번엔 까만 토끼가 깜짝 놀랐습니다. 까만 토끼도 눈이 커지고 양쪽 귀는 바짝 곤두섰습니다. 그 말이 무슨 뜻인지 곰곰이 생각했습니다. 그러고는 용기를 내어 다시 하얀 토끼가 자신의 모든 것이 되어주면 좋겠다고 얘기합니다. 하얀 토끼 역시 까만 토끼가 정말 그것을 원하는지 그의 마음을 다시 확인합니다. 그리고 하얀 토끼는 자신의 보드랍고 하얀 앞발을 까만 토끼에게 내밀었습니다. 까만 토끼는 자신의 두 앞발로 하얀 토끼의 앞발을 꼬옥 감싸안았습니다.

　처음 이 장면을 읽었을 때 얼마나 마음이 떨리던지요! 특별한 기교랄 것도 없는 이 간결한 대화에 이리 설렐 줄이야. 마음을 나눌 때는 그럴듯한 말이나 화려한 언변보다 진심을 담은 담백한 고백이 가장 깊은 울림을 남기는가 봅니다. 마침내 까만 토끼의 소원이 이루어졌습니다. 누군가에게 받아들여졌을 때의 기쁨은 사랑을 최고조에 이르게 합니다. 나를 잘 알면서도 나를 받아들여 주는 사람! 이런 사람을 곁에 두고 있다면, 그리고 지금 누군가에게 이런 사람이라면 당신은 사랑의 참된 목적을 이루어가는 사람입니다.

　보름달이 가득한 밤, 두 토끼의 결혼식 날입니다. 하얀 토끼는 노란 민들레꽃을 두 귀에 꽂아 화관을 대신하고 민들레꽃 부케도 들었습니다. 까만 토끼는 민들레꽃 부토니아를 달았고 하얀 토끼처럼 민들레꽃을 귀에 꽂았습니다. 숲속을 환히 밝혀주는 달빛만큼이나 두 토끼의 까만 눈이 반짝입니다.

이 그림책에서 또렷한 색감으로 표현된 것을 찾으라면 그것은 꽃입니다. 그중에서도 민들레꽃이 단연 돋보입니다. 사랑의 신, 행복, 감사하는 마음이라는 꽃말이 결혼의 마음과 꼭 닮았지요? 잔치의 자리를 꽃과 색깔로 묘사하여 그 기쁨을 화사하게 표현한 작가의 감각이 그저 놀라울 뿐입니다. 친구들이 두 토끼를 둘러싸고 원무를 추며 결혼을 축하해줍니다. 숲속의 다른 친구들까지 어울려 이들은 달빛 아래에서 밤새 춤을 추었습니다. 친구들의 따뜻한 축복을 받으며 두 토끼는 너무 행복했답니다.

헌신으로
단단해지는 사랑

결혼은 영원히 함께하겠다는 약속에서 시작됩니다. 또한 어떤 상황에서도 서로를 받아들이겠다는 정직하고 용기 있는 결단이기도 합니다. 그래서 결혼은 헌신의 대표적인 상징입니다. 헌신은 사랑의 닻입니다. 관계가 흔들릴 때, 배우자에 대한 실망이 찾아올 때, 열정이 사라져갈 때 다시 서로를 붙들게 하는 중심이 바로 헌신입니다. 이런 이유로 헌신은 사랑을 보호하고 단단하게 만들어줍니다. 부부 상담가였던 잉그릿 트로비쉬(Ingrid Trobidch)는 『아름다운 자신감』에서 이렇게 말했습니다.

"결혼할 때에는 반드시 사랑하는 사람을 선택하라. 결혼한 이후에는 그 선택을 사랑하라."

가끔 제 결혼의 여정에서 길을 잃어버리는 것 같은 느낌이 들 때, 기억하는 글귀입니다.

결혼이 감정만으로 이루어지는 것이 아니라는 것, 선택한 사람을 계속해서 사랑하겠다는 태도가 결혼을 만들어간다는 사실을 다시금 일깨워주기 때문입니다.

사랑은 춤이다

심리학자인 로버트 스턴버그(Robert J. Sternberg)는 사랑의 세 가지 요소로 열정, 친밀감, 헌신을 꼽으면서 사람마다 사랑을 다르게 생각하는 것은 이 요소들이 통합적으로 움직이지 않기 때문이라고 밝혔습니다. 만약 친밀감만 있다면 사랑은 우정의 수준을 벗어나지 못합니다. 헌신만 있다면 사랑은 공허해집니다. 친밀감과 열정이 만나면 사랑은 낭만적이 되지만, 이것이 헌신과 어우러질 때 비로소 그 사랑은 성숙한 사랑으로 자라갑니다. 그리고 이 세 가지가 균형 있게 연결되어 있을 때, 우리의 사랑은 강렬하면서도 편안하고 또한 견고할 것입니다.

2000년대 초 개봉한 영화 <봄날은 간다>에서 이별을 선언하는 여자를 향해 연인이던 남자가 이렇게 말합니다. '어떻게 사랑이 변하니!' 상담을 할 때에도 이와 유사한 말을 하는 내담자들을 만납니다. 변하는 것이 어떻게 사랑이냐고, 사랑은 변하지 않아야 하는 것 아니냐고! 얼핏 들으면 그럴듯하게 들리지만, 안타깝게도 이것은 사랑의 감정적 측면만 보는 것입니다. 주로 열정이지요. 사실 사랑은 변합니다. 정확하게 말하면 사랑의 형태 혹은 사랑의 모습이 변합니다. 가스라이팅이 아니라면 내가 생각한 모습이 아니라고 해서 사랑하지 않는다고 섣불리 단정할 수는 없습니다. 오히려 내가 생각하는 사랑은 어떤 사랑인지 돌아볼 필요가 있지요. 어떤 면이 과한지, 어떤 면이 더 개발되어야 하는지 말입니다.

사랑은 하나의 춤이라고 볼 수 있습니다. 사랑의 춤은 불꽃처럼 격렬하게 타오르기도 하다가 작은 화로의 불처럼 은은하기도 하고, 은밀하게 불씨를 속에 감추고 있어 마치 꺼진 것처럼 느껴질 때도 있습니다. 이처럼 사랑은 다양한 모양을 가지고 있습니다. 그런데 이 춤을 추다 보면 스텝이 맞지 않아서 춤추는 것이 힘들거나 서로의 발을 밟거나 심지어 옷자락에 걸려 넘어질 때도 있습니다. 어려운 순간이 찾아온 것입니다. 아프기도 하고 당황스럽기도 합니다. 그러나 이것은 사랑이 사라진 것이 아니라 사랑의 균형이 깨어졌다는 것을 알려주는 신호입니다. 이럴 때 필요한 것이 용기입니다. 완벽한 스텝이 아니라 어긋남 속에서도 스텝을 조율해가며 계속 춤추는 용기가 바로 사랑입니다.

결혼한 두 토끼는 이전에도 그랬던 것처럼 함께 민들레 잎도 먹고, 도토리 찾기 놀이도 하면서 행복하게 살았답니다. 서로를 바라보던 두 토끼는 이제 서로에게 기대어 같은 방향을 바라보고 있습니다. 인생을 살아가는 동안 이렇게 친밀함으로 가득한 관계가 또 있을까요? 결혼은 이를 만들어가는 실제적인 자리입니다.

마지막 페이지에는 그림이 없습니다. 하얀 색의 배경에 까만 글씨로 된 문장 한 줄만이 있을 뿐입니다.

"그 뒤로 다시는 까만 토끼가 슬픔에 잠겨 있는 모습을 볼 수가 없었습니다."

하얀색과 까만색의 어우러짐처럼 사랑의 세 요소가 조화를 이룰 때 사랑은 서로에게 평온한 안식처가 되고 힘이 됩니다. 이 그림책은 그 조화를 정갈하게 잘 보여줍니다.

나란히, 물고기, 고양이

조앤 그랜트 글·닐 커티스 그림,
조경란 옮김 | 문학동네

부부, 다름과 연합 사이

이 책은 사랑에 빠진 물고기와 고양이의 이야기이면서, 함께 사는 것의 의미를 잘 보여주는 책입니다. 책을 펼치면 판화로 묘사된 흑백의 아름다움이 단번에 시선을 사로잡습니다. 때로는 섬세하면서도 강렬한 그림이 글보다 더 많은 얘기를 들려준다고 하는데 이 그림책을 보면 정말 그렇다는 생각이 듭니다.

표지부터도 이런 면이 돋보입니다. 물고기와 고양이가 다정하게 작은 배를 타고 별빛이 은하수처럼 펼쳐진 하늘을 가로지르고 있습니다. 만약 은하수를 건너는 조각배를 볼 수 있다면 이런 배가 아닐까 싶을 정도로 앙증맞고 멋있습니다. 고양이는 노를 젓고, 물고기는 별빛을 피하려는 듯 예쁜 양산을 들었습니다.

배와 바다 사이에 제목 '나란히, 물고기, 고양이'가 계단

모양으로 일정하게 쓰여 있습니다. 마치 고양이라는 한 계단을 딛고 물고기라는 또 한 계단을 올라가면 꼭대기인 '나란히'에 도달하는 것처럼 말입니다. 정말 영리한 묘사이지 않나요? 서로가 디딤돌이 되는 모습이 이 책의 주제와도 잘 어울리는 것 같아 그림 작가의 통찰력이 부러울 정도입니다. 바다가 아니라 공중에 있는 배, 고양이와 물고기의 관계, 둘의 행선지 등 이미 표지 속에 흥미로운 이야기가 한가득입니다.

이 작품은 앞면지와 뒷면지가 프롤로그와 에필로그처럼 연결되는데요. 프롤로그 같은 앞면지를 보면 별빛이 여기저기 흩뿌려진 밤, 고양이는 다리 위에 걸터앉아 하늘을 바라보고 있습니다. 어딘가 쓸쓸해 보이는 표정입니다. 그 아래 물속에서는 물고기가 꼬리를 포닥거리며 놀고 있습니다. 각기 반대 방향을 바라보고 있는 것으로 보아 이 둘은 아직 서로를 모르는 모양새입니다.

판화의 독특한 질감 덕분에 각각의 세상이 더욱 생동감 있게 느껴집니다. 속표지의 머릿그림을 보면 제목 위쪽에는 물고기가, 제목 아래에는 고양이가 보입니다. 책 전체를 통틀어 머릿그림과 첫 페이지에만 이 둘이 떨어진 상태로 그려져 있습니다. 아직은 만나지 못한, 각자의 세상에 있다는 듯이 말입니다.

그런데 혹시 눈치채셨나요? 고양이와 물고기는 본래 포식자와 먹이라는 사슬 속에 있습니다. 이 둘은 결코 사랑할 수 없는 관계입니다. 각자의 세상에서 살며 만나지 않는 것이 마땅합니다. 하나가 쫓아가더라도 다른 하나는 필사적으로 도망쳐야 하는 입장입니다. 한때 유행했던 노랫말처럼 가까이하기엔 너무 먼 당신이지요! 이미 표지에서 봤듯이 작가의 기발하면서도 엉뚱한 설정 덕분에 유쾌한 호기심이 발동합니다. 물고기와 고양이의 사랑 이야기는 어떻게 펼쳐질까요?

다름, 곧 낯섦이
주는 매력

둘의 처음은 이렇게 시작되었습니다. 어느 날 밤, 고양이는 어슬렁어슬렁 산책을 나갔습니다. 그러다 작은 나무다리 난간에 올라가 그날 밤의 그믐달만큼이나 등을 둥글게 휘며 엎드려 있다가 문득, 물위로 얼굴을 내밀고 있던 물고기와 눈이 마주쳤습니다. 둘은 비슷하지도 않고 서로 있는 곳도 달랐지만 첫눈에 좋아하게 되었습니다.

누군가를 처음 만났을 때, '다름'은 눈길을 사로잡는 요인 중의 하나입니다. 나에게 없다고 여겨지는 것이 다른 이에게 있을 때 그 사람에 대한 호감도는 올라갑니다. 때로는 낯섦, 그 자체가 주는 설렘에 이끌려 가슴이 두근거리기도 합니다. 다름은 우리로 하여금 다른 경험을 하게 해줍니다. 흥분되게 하기도 하고 들뜨게도 하지요. 혼자서는 하지 않거나 선택하지 않았을 일들도 하게 해줍니다. 새로운 세계가 열리게 되는 셈입니다.

　그러면서도 다르다는 것은 갈등의 이유가 되기도 합니다. 부부 상담을 할 때 대부분의 내담자들이 공통적으로 호소하는 어려움은 '다르다는 것'입니다. '이 사람은 나와 다르다' 혹은 '전에는 이렇지 않았는데, 지금은 달라졌다', '나는 처음부터 이랬는데, 저쪽이 다르게 보기 때문이다' 등의 얘기들이 빠지지 않습니다. 왜 이런 일이 일어날까요? 사랑은 종종 '나와 다른 너'에서 시작되기도 하지만, 부부로서 함께 살아가는 길에서는 그 다름을 어떻게 이해하고 품는가가 과제입니다. 이제 다르다는 것만 볼 것이 아니라 부부 앞에 놓인 과제를 주목해야 할 때인 것입니다.

대화, 기회를 주는 통로?
기회를 취하는 통로?

　　　　　　물고기는 바다 이야기를 들려주고, 고양이는 숲 이야기를 들려주며 둘은 많은 이야기를 나누었습니다. 둘의 모습은 대화의 힘을 잘 보여주고 있습니다. 대화는 단지 말의 교환이 아니라 마음을 나누는 용기의 표현입니다. 대화는 자신을 털어놓게 하고 상대를 알아가게 합니다. 이해의 폭을 조금씩 넓혀가는 통로이자 관계를 가까워지게 만드는 강력한 방법입니다. 갈등 해결 전문가인 도나 힉스(Donna Hicks)는 이해를 '견해를 설명하고 표현할 기회를 주는 것'이라고 정의하면서, 이해에 필수적인 요소는 '경청'이라고 했습니다. 이 글을 처음 읽었을 때 '기회를 주는 것'에 한동안 시선이 머물렀습니다.

'나는 기회를 주는 사람일까? 기회를 취하는 사람일까?' 두 갈래의 질문 앞에서 한참을 머뭇거립니다. 주는 사람이 좋은 사람인 것 같아 주저 없이 기회를 주는 사람이라고 대답하고 싶습니다. 하지만 선뜻 그렇게 하지 못하는 것은 실상은 기회를 취하는 정도가 아니라 아예 움켜쥐고 있는 모습이기 때문입니다. 이제 다시 서로에게 표현할 기회를 주고, 서로를 들음으로써 서로의 다름을 이해해가자고 스스로를 독려해봅니다. 책임을 묻기보다는, 조건을 제시하기보다는, 상대방이 먼저 움직이기를 바라기보다는 오히려 작더라도 내가 먼저 그 걸음을 시작하자고 다짐해봅니다. 사랑하는 관계, 특히 가족 관계 안에서 나의 모든 행동은 상대방의 중요한 환경이 되는 까닭입니다.

함께 하는 경험,
깊어지는 유대감

물고기와 고양이는 얘기만 나누는 것이 아니라 미로 안에서 숨바꼭질 놀이도 하며 즐겁게 놀았습니다. 물고기는 미로와 비슷한 자신의 비늘을 보호색 삼아 구석에 숨었고 고양이는 고개를 살짝 내밀고 살금살금 물고기를 찾아다녔습니다. 작가는 그림뿐만 아니라 글자도 구불구불한 미로처럼 표현했는데요. 덕분에 이들의 즐거움이 더 생생해집니다.

부부에게는 둘만의 이런 경험이 '꾸준히' 필요합니다. 많은 부부들이 서로 직접적으로 가까워지려 하기보다는 친구들, 종교 활동, 직업적인 일 등을 빌려 부부 사이의 간격을 메꾸려고 합니다. 이것을 친밀하다고 착각하기도 합니다. 부부 두 사람이 창조적으로 보내는 시간은 '부부로서 함께 살아간다'는 본질적인 바탕을 다져가는 데 매우 중요합니다.

상담실을 찾는 많은 부부가 바로 이 부분이 약합니다. 그래서 부부 상담을 할 때 자주 내는 과제가 부부만의 데이트입니다. 이런 과제를 내면 부부의 반응은 비슷합니다. '데이트를 하라고요? 꼭 그런 걸 해야 되나요?', '아니, 같이 사는데… 매일 보는데…' 데이트가 연인들만의 전유물이 아닐진대, 부부는 당황함을 넘어 당혹스러워하기까지 합니다. 데이트도 난감한데 여기에 더하여 데이트할 때 절대 하면 안 되는 것들까지 일러주고 나면 그야말로 매우 심란한 표정으로 상담실을 떠나곤 합니다. 그러나 서툴더라도 작은 놀이 하나, 따스한 손길 한 번이 쌓이면 이것은 부부의 기억과 사랑을 다시 단단하게 붙들어주는 자산이 됩니다.

밤이 깊었는데 비가 내리네요. 고양이와 물고기는 커다란 나뭇잎을 우산 삼아 비를 피했습니다. 괜찮은지 서로를 살펴보는 눈빛이 애틋하고 다정합니다. 힘든 경험을 할 때 그것을 혼자 겪지 않는 것은 얼마나 위안이 되는지요! 위기가 찾아왔을 때 부부는 그저 함께 견디고 있다는 것, 그 자체로 이미 서로에게 힘을 나누어주고 있는 것입니다.

가족학자 데이비드 올슨(David Olson)은 '오랜 결혼생활은 친밀감과 수용의 열매'라고 했습니다. 부부가 더불어 같이 시간을 보내고 경험을 공유하게 되면 서로를 더욱 좋아하게 됩니다. 서로를 소외시키지 않고 서로를 점점 더 이해하게 됩니다. 서로에게 뜻밖의 기쁨을 안겨주기도 합니다. 더 사랑하고 싶으신가요? 시간을 내서 함께 무언가를 하십시오. 오감을 느낄 수 있는 일을, 땀을 흘리고 눈을 맞출 수 있는 일을, 웃을 수 있는 일을 하십시오. 눈물을 흘리는 일을, 눈물을 닦아주는 일을 하십시오. 즐거움과 슬픔이 겹겹이 포개지면서 서로는 더욱 귀한 존재로 빚어지게 됩니다. 그리고 이렇게 지나온 시간들이 부부의 관계를 두텁게 다져주는 소중한 기반이 될 것입니다.

그럼에도 불구하고
곁에 머물기로 하다

고양이와 물고기는 둘만 있고 싶었기 때문에 아침 해가 떠오를 때 길을 떠났습니다. 고양이는 수레에 물고기를 태우고 공중에 매달린 외줄을 조심조심 건너

갑니다. 위태롭게 보이는 줄 아래 펼쳐진 길은 버진 로드처럼 이어져 있고 언덕 위에 자리 잡은 작은 사원은 결혼 서약 장소가 연상됩니다.

둘은 먼저 고양이의 집으로 갔습니다. 고양이는 자신의 보금자리인 나무줄기로 엮어진 커다란 바구니를 보여주었습니다. 바닥에는 가느다란 나뭇가지들이 깔려 있었습니다. 고양이는 등잔의 초를 켜서 어둠을 밝혔습니다. 물고기는 그것도 괜찮았습니다. 태어나서 한 번도 본 적이 없던 것들이었으니까요.

고양이는 물고기에게 높은 곳에 올라가는 법을 가르쳐주었습니다. 자신이 잘하는 것이었기 때문입니다. 고양이는 높은 바위 꼭대기에 안정감 있게 앉아 있습니다. 바위의 무늬와 고양이의 무늬가 같아서 마치 한 몸인 것처럼 보입니다. 그만큼 자신 있고 잘한다는 뜻이겠지요? 그러면 물고기는 어떨까요? 피부가 미끄러운 물고기에게 바위는 위험한 곳일 수 있습니다. 미끄러져 내동댕이쳐지면 큰일이니까요. 아니나 다를까 물고기는 고양이 등에 꼭 붙어 있습니다.

고양이는 어떻게 하면 땅 위의 밤을 따뜻하게 보낼 수 있는지도 가르쳐주었습니다. 정말 자상하지요? 그런데 그 방법이 커다란 드럼통 안의 활활 타오르는 불 곁에 있는 것이었습니다. 고양이는 불을 쬐며 만족스러운 미소를 띠고 있습니다. 그러나 물고기는 불 가까이 있으면 어떻게 될까요? 사실 고양이가 물고기를 위해 마련한 것들은 그 마음이나 의도가 아무리 좋았다 하더라도 물고기에게는 위험천만한 일들이었습니다. 그럼에도 물고기는 고양이의 곁에 머물고 있습니다.

내게 좋은 것이 상대방에게도 좋을 것이라 여기는 것은 우리가 쉽게 빠지는 함정 중의 하나입니다. 이렇게 되면 곁에 있기가 쉽지 않습니다. 그래서 배려라는 덕목이 필요합니다.

작가 채인선은 그의 책 『아름다운 가치 사전』에서, 배려를 '다리가 아픈 친구를 위해 걸음을 천천히 걷는 것, 걸으면서 같이 이야기하는 것'이라고 설명합니다. 유독 이 설명이 눈에 쏙 들어온 이유는 단순히 속도를 맞추는 것에 그치지 않고 그 시간을 한층 더 의미 있게 쓰려는 적극적인 태도 때문입니다. 능동적인 배려는 서로를 숨 쉬게 합니다. 이 숨결을 품고 '곁에 머무르는 것'은 부부로서 살아가는 삶을 더욱 사려 깊게 만들어줍니다. 평범하고 반복되는 일상을 공유하며 그 속에 담겨 있는 보화를 발견해가는 기쁨은 부부만이 누릴 수 있는 마르지 않는 축복입니다.

함께 하면서도
나답게

물고기는 낯선 세상이 주는 신기함이나 설렘도 좋고 고양이의 다정한 보살핌도 기뻤지만 바다가 몹시 그리워졌습니다. 자신의 세상에 함께 머물자고 요청

할 수도 있는데, 고양이는 물고기의 그리움을 진지하게 받아들였습니다. 어떻게 하면 물고기의 그리움을 해소할 수 있을까 고민하던 끝에 고양이는 물고기를 바다로 데려다줄 작은 배를 찾아냈습니다. 그림 작가는 이 장면의 글자를 파도의 출렁이는 모습으로 묘사했어요. 정말 멋지지 않나요? 글자를 주인공들의 상황에 맞추어 시각화한 디자인이 이 책을 더 역동적으로 만들어주는 것 같습니다. 이렇게 저는 또 한 번 그림 작가에게 반했습니다.

처음 고양이의 집으로 올 때는 수레를 타고 왔는데, 바다로 돌아가기 위해서는 배를 구한 것이 꽤 인상적이었습니다. 이동 수단의 변화를 통해 두 세계의 존재가 상징적으로 드러납니다. 수레는 육지의 도구이자 곧 고양이의 세계지요. 배는 바다의 도구이며 물고기의 세계입니다. 부부는 하나이면서 동시에 수레와 배처럼 각자의 세계를 가진 두 존재라는 것을 은유적으로 잘 보여주는 장면입니다.

바다로 가는 길에 고양이와 물고기는 길을 잘못 들기도 하고 내려가야 하는 길을 거슬러 올라가 버리기도 했습니다. 이렇게 부부는 잘 모르는 길을 함께 가는 사람들입니다. 연애를 하던 때와는 다른 생활을 펼쳐가야 하기 때문입니다. 사랑에 빠져 결혼에 이르게 되었다면 이제는 사랑을 키워가며 부부됨을 가꾸어가야 할 때입니다. 가족학자 유영주는 시행착오를 거듭하며 헤쳐나가는 이 과정을 '부부의 인격적 적응'이라고 불렀습니다. 결코 쉽지 않은 이 여정에서 우리는 협력을 배우고, 존중을 배우고, 배려를 배우고, 공감을 배우고, 용납을 배우고, 용서를 배우고, 진정한 사랑을 배웁니다.

둘은 드디어 바다에 도착했습니다. 바다에 도착했을 때 고양이는 바다를 좋아할 수 있을까 걱정이 되었지만, 이번에는 물고기가 고양이를 안고 바다를 구경시켜주었습니다. 그리고 고양이는 지금까지 몰랐던 신기한 사실을 알게 되었습니다. 자기가 물에 뜬다는 것을요! 서로 다른 줄만 알았는데 같이 즐길 수 있는 것이 있다니! 고양이와 물고기는 바다 위에서 각자의 방식으로 맘껏 수영을 즐겼답니다. 그리고 고양이는 물고기의 친구들도 만났습니다. 해마, 작은 물고기들, 오징어, 뱀장어 등 많은 친구들이 고양이를 환영해주었습니다.

물고기는 친구들이 많군요. 혹시 발견했나요? 물고기가 고양이 집에 갔을 때는 친구를 소개받은 적이 없었습니다. 둘은 살아왔던 환경도 달랐지만 각각의 특성도 달랐던 것입니다. 이렇게 다른 둘의 앞날은 이제 어떻게 될까요? 함께 있기 위해 어느 한쪽이 힘듦을 감당해야 할까요? 공평하게 일년 중 반은 바다에서, 나머지 반은 육지에서 지내야 할까요? 아니면 어쩔 수 없이 헤어져야 할까요? 둘은 어떤 선택을 할까요?

고양이는 좋아하는 바위가 있고, 산책하기에 좋은 공원이 있는 곳으로 돌아가자고 말하지 않았습니다. 물고기는 수

영을 즐기며 친구들이 있는 바다에 머물자고 하지 않았습니다. 둘은 바다와 땅이 맞닿는 곳에서 함께 살기로 했습니다. 둘은 각자의 세계를 인정하고 동시에 연결되는 지점을 선택했습니다. 이것이 건강한 연합입니다. 부부로 같이 산다는 것은 '나'이면서 동시에 '우리'가 된다는 의미입니다. 부부가 서로의 다름을 인정하고 존중해야 하는 이유가 바로 여기에 있습니다.

　고양이와 물고기는 살 곳을 정한 다음 나란히 누워서 한잠 푹 잤답니다. 다음 모험을 꿈꾸면서 말입니다. 그리고 둘의 꿈은 뒷면지에서 이어집니다. 보름달이 환히 비춰주는 하늘 길을 따라 고양이와 물고기가 배를 타고 어디론가 날아가고 있습니다. 가까이 하기에는 너무 다른 두 존재, 그러나 함께 나아가는 모습이 부부와 꼭 닮았습니다.

　이 책은 당시 고1이던 아들로부터 결혼기념일 선물로 받은, 제게는 특별한 의미가 있는 책이기도 합니다. 축하 카드를 보면 사춘기라 그랬는지 세월이 의외로 한순간 같고, 남은 날들도 그렇지 않겠느냐는 서두가 다분히 철학적입니다. 사랑에 대한 책이라며 강의할 때 수업자료로 써도 된다고, 그러면서도 진지하게 읽어달라는 당부도 곁들여 놓았더랬습니다. 글 말미에는 오래 사시고, 커서 봉양 잘 해드리며, 속 안 썩이려고 노력하겠다는 기특한 결심까지 짧은 글 속에 참으로 많은 마음을 담았습니다.

집을 떠나 기숙사에서 생활하며 대학 입시가 주는 압박을 견디느라 많이 힘들었을 텐데, 잊지 않고 부모를 살펴준 마음이 지금 생각해도 참 고맙습니다. 다시 책을 펼쳐보며 왜 하필 이 책이었을까 하는 생각이 들었습니다. 기질과 성격, 성장환경에 이르기까지 그 차이가 뚜렷한 부모에게 물고기와 고양이의 지혜를 빌려 같이 잘 지내보라는 당부였을까요? 아니면 결혼생활이라는 모험의 세계를 부모가 잘 탐험했으면 하는 바람이었을까요?

자녀의 입장에서 바라본 부모의 부부로서의 삶은 어떤 모습일지 궁금해집니다. 이제는 청년이 되어 사회의 일원이 된 아들의 얘기를 들어보고 싶으면서도 내가 전혀 생각 못했던 얘기를 하면 어떡하지? 좋은 얘기도 해주겠지? 하는 걱정과 기대에 내심 마음이 떨려 오는 것은 어쩔 수 없습니다.

개구리 왕자 그 뒷이야기

존 셰스카 글·스티브 존슨 그림,
엄혜숙 옮김 | 보림

행복한 결말 이후의 진짜 시작

이 작품은 구성이 정말 흥미롭습니다. 제목에서 충분히 짐작할 수 있듯이 이 책의 원작은 그림(Grimm) 형제의 『개구리 왕자』입니다. 우리가 익히 알고 있는 내용을 패러디하면서 이미 잘 알려진 다른 이야기들의 요소를 가미하여 새롭게 구성하였습니다. 책을 읽다 보면 『잠자는 숲속의 공주』, 『백설공주』, 『헨젤과 그레텔』, 『신데렐라』 등의 이야기를 떠올리게 되면서 서사의 폭이 넓어지고 점점 재밌어집니다. 그래서 실제로 읽는 책은 하나이지만 마치 동시에 여러 책을 읽고 있는 것 같은 풍부함이 있습니다.

그림 작가는 첫 장면을 제외한 각 장면마다 바탕면에 프레임을 두어 등장인물들을 모두 여기에 넣고 글자 텍스트를 그림과 섞이지 않도록 했습니다. 덕분에 등장인물들의 역동성은 집약되고 보태진 다른 이야기와도 자연스럽게 어우러집니다. 다른 이야기의 플롯이 드러날 때마다 왕자가 프레임 속을 자유롭게 넘나들도록 하여 독자로 하여금 등장하는 이야기들의 이음새를 분간할 수 있도록 하였습니다.

이 책은 표지도 흥미로운데요. 앞표지는 이야기의 느낌을, 뒷표지는 내용의 주제를 담았습니다. 앞표지는 이미 오래된 원작이 있다는 것을 암시하는 것인지, 원작가를 오마주하는 것인지 황금빛으로 빛나는 '개구리 왕자'라는 제목의 책입니다. 오래되고 두꺼운 양장본의 책이 입체적으로 그려져 있습니다. 이 책 앞면은 직각의 틀 안에 제목과 개구리 왕자의 초상화가 담긴 작은 브로치가 그려져 있습니다. 틀 양옆 선은 부들을 금박으로 장식하여 19세기 유럽에서 유행했던 아르누보의 장식적 양식을 떠올리게 하면서 고상하고 우아하게 보이도록 표현했습니다. 그리고 작가는 부들 위에 살포시 앉아 있는 잠자리도 빠뜨리지 않았습니다. 부들은 개구리가 주로 서식하는 연못이나 호수 등 수변에서 잘 자라고, 잠자리는 좋은 먹잇감이니 개구리 왕자를 설명하는 데 이만한 묘사가 없을 것 같습니다.

여기에다 기존의 개구리 왕자라는 책에 '그 뒷이야기'라는 글자를 비스듬히 덧붙여 이 그림책의 제목을 완성했습니다. 덧붙여진 글자는 핏빛처럼 붉어 공포스러울 지경인데, 뒷이야기 아래에 그어진 역시 붉은 색 밑줄, 그리고 다른 글자보다 크게 강조된 '뒷'이 이후의 이야기에 초점이 있다는 것을 더욱 부각시키고 있습니다. 그러니까 이 책은 한 권의 고서가 표지인 것 같지만 실상은 그 책의 표지에 제목만 살짝 비틀어 그림책의 표지로 삼은 셈입니다. 새로운 이야기가 전개될 것 같은 느낌과 더불어 공간을 다층적으로 사용한 작가의 재치에 감탄하게 됩니다.

뒷표지는 개구리의 발자국과 사람의 발자국이 짝을 이루어 문양처럼 골고루 퍼져 있습니다. 개구리가 사람이 된 것을 말하는 것인지, 본질적으로 종이 다른 개구리와 공주의 결혼을 말하는 것인지 궁금해집니다. 개구리 왕자의 뒷이야기는 이 과정을 그린 것일까요? 우선 본래 이야기의 마지막이자 뒷이야기의 시작이기도 한 첫 장면부터 만나보겠습니다.

결혼을 준비하는가?
결혼식을 준비하는가?

하트 모양의 장미 프레임 속에 멋진 남성으로 변한 개구리 왕자와 금발머리를 단아하게 빗은 공주가 손을 마주 잡고 행복한 표정으로 서로를 바라보고 있습니다. 공주는 마침내 개구리에게 입을 맞추었으며, 그 사랑의 힘을 덧입어 개구리는 왕자로 변했고 둘은 영원히 행복하게 잘 살았다는 것이죠. 정말 식상할 정도로 전형적이면서 낭만적입니다. 그러나 모든 이야기가 이렇게 '행복하게 잘 살았습니다'로 끝날 수 있을까요?

결혼은 이벤트가 아니라 삶입니다. 끝이 아니라 새로운 모험의 시작입니다. 많은 예비부부들이 결혼을 준비합니다. 그러나 엄밀하게 말하면 결혼을 준비한다기보다는 함께 살 공간과 살림살이 그리고 결혼식을 준비한다고 볼 수 있습니다. 많은 힘을 여기에 쏟습니다. 현실적으로 필요한 부분인 것은 분명하지만, 이것이 전부인 양 여기는 것이 문제입니다. 살림살이와 결혼식을 준비하는 데 드는 에너지만큼, 함께 살아갈 날들을 위한 내면의 준비도 필요합니다. 이 여정에 빠질 수 없는 것이 결혼생활에 대한 비합리적인 생각을 걸러내는 작업입니다.

사랑만으로
충분할까?

개구리 왕자와 공주는 한동안은 그럭저럭 행복하게 사는 것처럼 보였습니다. 그러나 사실을 고백하자면 시간이 갈수록 둘의 결혼생활은 점점 엉망이 되어가고 있었습니다. 함께 있는 장면을 잠시 살펴볼까요? 벽에는 잠자리 무늬가, 바닥에 연잎 무늬의 카펫이 깔려 있는 거실에 두 사람이 개구리 다리 모양의 초록색 의자에 각자 앉아 있습니다. 공주의 의자에는 왕관이, 왕자의 의자에는 개구리 눈이 장식되어 있습니다. 공간은 개구리를 위한 공간 같지만 그곳의 왕자는 너무 무료해 보입니다.

왕자가 가까운 잠자리 무늬를 향해 혀를 길게 뻗자 신문을 읽던 공주가 그만두라고 잔소리를 하고 왕자는 이제 공주가 연못에 같이 가주지 않는다며 투덜댑니다. 왕자의 뒤에는 근사한 의자에 앉아 있는 개구리의 그림이, 공주의 뒤에는 부들이 자라고 있는 연못의 그림이 걸려 있습니다. 이곳이 두 사람의 시작이었지만 그들은 이제 이곳에 가지 않습니다. 사랑의 속삭임으로 서로를 감싸던 시간은 잔소리와 불평의 시간으로 바뀌고 있습니다.

거실 협탁 위에 자리한 화병은 두 사람의 관계가 생기를 잃어가고 있다는 것을 잘 보여줍니다. 화병은 커다란데 꽂혀 있는 장미꽃은 몇 송이 되지 않는 데다 심지어 시들시들 맥없이 축 늘어져 있습니다. 바싹 말라 떨어진 꽃잎들도 눈에 뜨입니다. 두 사람의 관계에 대한 그림 작가의 전달력이 너무 생생해서 굳이 더 설명할 필요가 없을 정도입니다. 긴 혀로 벌레를 잡아먹고 사는 개구리의 특성을 알고 있었고 연못에서 만나 사랑에 빠져 결혼한 것도 분명한데, 도대체 어떻게 된 일일까요? 시간이 지나면서 왜 결혼생활은 활력을 잃어갈까요? 많은 부부들이 이런 고민을 하지 않을까요?

대개 결혼은 사랑을 전제로 하기 때문에 자연스럽게 그 사랑으로 결혼생활을 잘 꾸려갈 것이라고 생각하기 쉽습니다. 그렇지만 사랑의 감정만으로 결혼을 지속할 수 있다고 믿는 것은 흔한 착각입니다. 이때의 사랑은 느낌에 의존하는 경우가 많은데, 사실 이것이 매우 강력하고도 경이로운 감정이다 보니 사랑은 어떠해야 한다는 왜곡되고 과장된 이미지를 사랑이라고 오해하게 됩니다. 그래서 어떤 문제를 발견하게 되더라도 우리는 이렇게 사랑해서 결혼하니 적어도 우리에게는 그런 일이 생기지 않을 것이며, 설사 일어난다고 해도 잘 헤쳐갈 수 있을 것이라 여깁니다. 그러나 그렇게 강렬하던 감정은 시간이 지나면서 서서히 사라져 버립니다. 감정은 바람 같아서 붙잡기 어렵고 오래가지 않습니다.

더불어 우리의 결혼생활은 당연히 어떨 것이다라는 매우 막연한 기대를 품고 결혼을 합니다. 그리고 이것 또한 영원하리라고 믿지만, 그 기대마저도 서로 다를 수 있다는 생각에는 이르지 못합니다.

왕자와 공주도 마찬가지였습니다. 점차 서로에 대해 못마땅한 점들을 알아채기 시작했고 서로의 기대가 다르다는 것도 깨닫기 시작했습니다. 실제 둘은 너무나도 불행했는데, 더 난감한 것은 이 문제를 해결하기 위해 어떻게 해야 하는지를 전혀 모르고 있다는 사실이었습니다. 많은 부부들이 이런 상황을 만날 때 매우 당황합니다. 그렇지만 부부의 관계에서 이런 흐름은 이상한 것은 아닙니다. 낭만적 사랑에서 부부의 성숙한 사랑으로 나아가는 시작점이 될 수 있기 때문입니다.

기대와 현실 사이

　　　　　　　"제발 집 안에서 팔짝거리며 돌아다니지
말아요. 성 밖으로 나가서 용이나 거인을 무찔러요. 아니면 다
른 뭐라도 좋으니 좀 무찔러봐요."

　화장대 앞에서 우아하게 머리를 손질하던 공주가 못마땅
한 어조로 말합니다. 화장대 거울 속으로 벽과 벽을 뛰어다니
는 왕자가 슬쩍 보이네요. 공주의 불평을 통해 우리는 공주가
어떤 배우자를 기대했는지 충분히 짐작할 수 있습니다. 적어
도 왕자라면 어떠해야 한다는 선입견을 바탕으로 활동적이고
강인한 용사 같은 모습을 기대했었나 봅니다. 그러나 왕자는
공주가 생각했던 남편이 전혀 아니었습니다. 왕자 역시 잔소
리와 강요로 무장된 공주를 아내로 원한 것은 아니었을 것입
니다. 그는 공주를 피해 멀리멀리 달아나고 싶기는 했지만, 그
렇다고 해서 밖으로 나가 뭘 무찌르고 싶은 마음은 전혀 없었
습니다. 그럴 때면 왕자는 창가 구석진 곳에서 혼자 조용히 자
기 책을 읽었습니다. 그 속에서 자기 이야기는 이렇게 끝났습
니다.

　"둘이는 영원히 행복하게 살았답니다. 끝."

이야기가 더 이상 전개되지 않았기 때문에 왕자는 성에 머물렀고, 이것은 공주의 화를 더욱 돋우게 되고 말았습니다.

부부는 각자가 가지고 있는 가장 이상적인 모습을 배우자에게서 보기 원합니다. '남편 혹은 아내라면 이래야지' 혹은 '적어도 아빠나 엄마라면…' 등등 말입니다. 그런데 그 이상적인 모습은 대개 자신의 욕구와 관련이 많습니다. 나보다도 나를 더 잘 알아 다정하게 돌봐주고 내가 무얼 해도 기꺼이 받아주며 깊은 정서적 교감을 나눌 것이라 기대합니다. 심지어 어떤 욕구들은 자신도 미처 잘 모를 정도로 모호하고 불확실할 수 있는데도 말입니다. 이런 기대가 서로에게 상처를 줍니다. 이것이 비합리적인 태도라는 것을 고려하지 않은 채, 욕구가 충족되지 않는 것을 상대의 책임으로 미루거나 자신의 입장만을 주장하면 왕자와 공주처럼 서로의 화만 더 키우게 될 뿐입니다.

배우자가 이상적일 것이라는 기대는 실망의 씨앗이 됩니다. 냉철하게 말하면 우리가 사랑한 사람은 상상 속 자신의 이상형이 아니라 현실 속 타인입니다. 배우자는 나의 삶과 행복에 매우 중요한 영향을 미치는 사람이지, 내가 원하는 대로 반응하는 존재가 아닙니다. 결혼의 시작은 이상적인 배우자가 아니라 서로를 있는 그대로 알아가고 받아들이려는 노력입니다. 여기에는 살펴보고 돌아보는 시간이 필요합니다. 기대한 모습이 아니라고 당황하지 말고, 생각처럼 되지 않을까 조급하여 채근하지 말고 각자를 살피면서 서로를 기다려주면 어떨까요? 그러면 어느 순간 서로 미소를 나누며 이렇게 말하는 때가 있을 것입니다.

"오! 이제 보니 우리 꽤 괜찮은 부부인데?"

결혼을 바꾸는 건
드라마가 아니다

어느 날, 공주는 지독하게 화가 났습니다. 왕자가 개굴개굴 코를 고는 바람에 전날 밤에 한숨도 못 잔 데다가 왕자의 주머니에서 연꽃 잎사귀까지 나오자 공주는 더 이상 참을 수가 없었습니다. 공주는 이불 속에 있는 왕자를 향해 소리를 지르고 말았습니다. 개구리에게 입을 맞춘 것을 후회한다고, 차라리 개구리로 있었던 편이 자신들 모두에게 더 좋았을 것이라고! 그런데 공주의 말을 듣던 왕자는 순간적으로 번뜩 어떤 생각이 떠올랐습니다. 왕자는 옳다구나 싶어 숲속으로 달려갔습니다. 자신을 다시 개구리로 만들어줄 마녀를 찾으려고 말입니다. 자신이 다시 개구리가 된다면, 책의 결말처럼 이전과 같은 관계로 돌아갈 수 있을 것이라 여겼기 때문이지요.

멀리 가지 않아서 왕자는 한 마녀를 만났습니다. 마녀는 등받이가 있는 푹신한 안락의자에 깊이 몸을 묻은 채 반쯤 졸고 있었습니다. 마녀의 옷에 있는 ZZZ 무늬가 이 마녀가 잠자는 숲속의 공주라는 것을 알게 해줍니다. 왕자는 자신을 다시 개구리로 만들어달라고 했으나 마녀는 자신을 깨워줄 왕자를 찾고 있었습니다. 그 왕자를 기다리다 공주는 마녀 할머니가 되었으니까요. 왕자는 자신에게 다시 마법을 걸려는 마녀에게서 도망쳐 더 깊이 숲속으로 달려갔습니다. 작은 오두막집에 도착한 왕자는 문 앞에서 마녀를 불렀습니다. 마녀는 헤어 전기 모자를 쓰고 화장품과 미용 도구가 진열된 화장대 앞에 앉아 미용 잡지를 읽고 있었습니다. 외모에 관심이 많은 마녀지요? 더불어 오두막의 창문으로 보이는 사과나무가 이 마녀의 정체를 더욱 확실하게 알게 해줍니다. 거울과 사과! 어떤 마녀인지 짐작이 가지죠? 마녀는 왕자에게 사과를 권했지만, 왕자는 백설공주 이야기를 잘 알고 있었기 때문에 이를 거부하고 더 깊은 숲속으로 달려갔습니다.

이번에는 마당에 아이스크림을 심고 있는 마녀를 만났습니다. 마녀는 친절하게 왕자를 집 안으로 데리고 들어갔지만 그는 곧 뭔가 잘 못되었다는 것을 깨달았습니다. 집은 끈적거리고 창틀은 맛있는 빵이었거든요. 더군다나 마녀는 '왕자 굽는 법'이라는 요리책을 보고 있었습니다. 놀란 왕자는 헨젤과 그레텔을 저녁식사로 먹겠다는 마녀를 피해 더 깊은 숲속으로 들어갔습니다. 이 장면에서 왕자는 그림 틀을 깨고 나오는데요. 그만큼 다급했던 것이지요.

서둘러 도망을 치던 왕자는 곧 길을 잃어버리고 말았습

니다. 그는 주위를 헤매다가 이번에는 마녀가 아니라 요정을 만났습니다. 요정은 무도회에 가려는 아가씨를 만나러 가는 길이었지만 왕자를 도와주기로 했습니다. 왕자가 만난 요정이 신데렐라의 요정이라는 것을 충분히 짐작할 수 있지요? 요정이 개구리는 한 번도 해보지 않았다며 조심스레 마술봉을 휘두르는데 왕자는 개구리가 아니라 그만 개구리 마차로 변하고 말았습니다.

해는 기울고 숲은 점점 더 으스스하게 어두워졌습니다. 왕자는 겁이 났습니다. 이런 일을 벌인 자신을 바보라고 자책하며 영원히 불행할 거라는 끔찍한 생각으로 점점 빠져들고 있을 때, 멀리 떨어진 마을에서 열두 시를 알리는 시계가 댕댕 울렸습니다. 그러자 호박 마차가 본래의 모습으로 돌아온 것처럼 개구리 마차도 다시 왕자가 되었습니다. 어둠이 깊었지만 다행히 왕자는 달빛에 의지해서 무사히 성으로 돌아왔습니다.

왕자는 다시 개구리가 되어 모든 것을 원점으로 돌리고 싶었지만 과연 이렇게 모든 것을 뒤엎어야만 변화가 시작될까요? 꼭 그렇지는 않습니다. 결혼생활의 회복은 거창한 사건이 아니라 작은 통찰과 실천에서 시작됩니다. 이어지는 이야기가 이를 잘 보여줍니다.

결혼의 변화는
내 안에서 시작된다

성문을 열고 들어서는 왕자를 보고 공주가 반가움과 안도감이 뒤섞인 표정으로 달려 나왔습니다. 공주는 기대에 미치지 못하는 왕자의 모습에 대해 불만이 많았지만, 그럼에도 자신이 여전히 왕자를 사랑하고 있다는 것을 자각하게 되었습니다.

왕자는 자신을 걱정하는 공주를 다시 바라보았습니다. 그에게 공주는 어떤 사람이었을까요? 공주는 이 세상 누구도 자신을 믿어주지 않았을 때 유일하게 믿어준 사람이었고, 끈적거린다고 아무도 자신에게 입 맞추려 하지 않았을 때 입을 맞춰준 사람이었습니다. 비로소 왕자는 막연한 동경이 아니라, 자신의 저주를 풀어주는 수단으로서가 아니라 상대 그 자체를 생각하게 되었습니다. 비록 양복 솔기가 터지고 넥타이도 찢겨나가 형편없는 몰골이지만 왕자의 표정과 눈빛은 그 어느 때보다도 기쁨이 넘쳐흘렀습니다.

사실 그동안 왕자는 자신의 세계인 이야기책에서 움직이지 않았습니다. 성에 머물거나 이전으로 회귀하려는 수동적이고 안전지향적인 태도를 보여주었습니다. 그렇지만 의도야 어떻든 성이라는 안전지대를 떠나고, 여러 마녀의 이야기를 만나면서 자신을 돌아보게 된 것입니다. 이전에 왕자는 하염없이 공주의 입맞춤을 기다리는 존재였지만,

이번에는 능동적으로 먼저 공주에게 입을 맞추었습니다. 이제 어떻게 될까요? 다시 '행복하게 살았습니다'로 끝나는 건가요?

그들이 다시 입을 맞추자 둘은 개구리가 되었습니다. 둘이 결혼생활의 비합리적인 사고에서 벗어나 새로운 패러다임으로 나아간 것을 직관적으로 잘 보여주는 신선한 장면입니다. 하트 모양의 나뭇잎 위에서 손을 맞잡고 어디론가 뛰어가려는 개구리 두 마리의 모습과 예쁜 공주, 멋진 왕자 초상화로 등장했던 첫 장면을 비교해보는 것도 재미있습니다. 둘 다 사랑을 상징하는 하트 형태를 보면 결혼은 분명 사랑을 토대로 하지만, 결혼생활은 초상화처럼 박제된 것이 아닙니다. 이 잎에서 저 잎으로 어디든 함께 뛰어갈 수 있는 역동적이면서도 유연한 모습으로 존재할 때 결혼생활은 더욱 아름답게 피어납니다.

많은 부부가 결혼생활이 힘들면 이를 바꾸려고 뭔가 다른 일들을 합니다. 주기적으로 여행을 간다든가, 집 안을 새로 꾸미거나 이사를 한다든가, 이벤트를 하는 것들 말입니다. 어떤 경우에는 두 사람의 관계보다는 자녀 교육에 집중한다든지, 종교 활동에 매진한다든지 하면서 다른 사람이 보기에 그럴듯한 행동으로 포장하여 부부의 갈등을 회피할 명분으로 내세우기도 합니다. 결혼생활의 위기는 이런 방식으로 해결되지 않습니다. 효과는 미미하고 오히려 그 노력에 지치기도 합니다. 부부 관계의 변화는 상대를 바꾸려는 노력이 아니라 새로운 눈으로 자신을 돌아보는 데서 시작되기 때문입니다. 내가 바뀌면 관계도 바뀝니다. 기적은 외부가 아니라 내면의 전환에서 생겨납니다.

한걸음의 효과!

드라마틱하지 않아도 괜찮습니다. '한걸음의 효과'를 무시하지 않는 것! 이것이 결혼생활을 변화시키는 최선의 방법입니다. 결혼생활의 전환점은 언제나 '지금, 여기서' 일어납니다. 일상 속 작고 꾸준한 실천이 관계를 새롭게 만들어갑니다.

우리가 흔히 가지고 있는 통념은 사회문화적으로 형성되어 온 공통된 사고방식이어서 여기서 벗어나는 것이 쉬운 일은 아닙니다. 부부가 함께 선택해야 하는 방향 전환입니다. 그림 작가는 이런 어려움을 충분히 짐작했을까요? 앞표지에 나오는 부들의 꽃말이 더할 나위 없이 절묘합니다.

용기!

3장

(사랑에서 책임으로,)
부모됨의 여정

완벽한 아이 팔아요

미카엘 에스코피에 글·마티외 모데 그림,
박선주 옮김 | 길벗스쿨

우리는 왜 부모가 되려 했을까?

이 책의 저자인 미카엘 에스코피에는 『늑대 잡는 토끼』, 『화성에서 온 담임 선생님』, 『내 초능력이 사라진 날』 등으로 국내에 소개되었으며, 작품의 제목들처럼 참신하고 발랄한 상상력의 세계로 우리를 데려가는 작가입니다. 이 책의 제목도 예사롭지 않지요? 사실 저는 이 책을 처음 보았을 때 조금 당황했었습니다. 물건도 아니고 사람을, 그것도 아이를 거래한다는 설정이 다소 파격적으로 느껴졌기 때문입니다. 그러면서 완벽하다라는 의미는 무엇일까? 완벽은 누가 결정하지? 어찌 보면 완벽하다라고 여기는 것은 극히 주관적인 것이 아닐까? 완벽함은 누구를 위한 것일까? 완벽하면 좋을까? 누가 팔고 사는 것일까? 등의 질문들이 머릿속을 산만하게 떠다녔습니다. 경험상 생각들이 더 어수선해지기 전에 얼른 책을 보는 것이 안전했었던 터라, 서둘러 책을 집어 들었습니다.

표지를 보면 단정한 느낌을 주는 한 소년이 미소를 띤 채 쇼핑카트에 타고 있습니다. 카트에 담긴 것인지, 카트에 타서 무엇을 사러 가는 것인지 정확히 알 수는 없습니다. 표지를 넘겨 앞면지를 살피니 한 부부가 손을 잡고 어디론가 향하고 있습니다. 이 부부를 따라가다 보면 이런저런 궁금증이 해결될 듯하니 얼른 이들의 발걸음을 쫓아가봅니다.

뒤프레 부부가 방문한 곳은 대형 쇼핑센터입니다. 주차장에 이미 차가 가득한 걸 보니 영업이 제법 잘되는 모양입니다. 그런데 이곳의 이름이 놀랍습니다. 아이마트 쇼핑입니다. 아이를 판매하는 곳이라니요! 심지어 우리나라 1등 아이할인점이랍니다. 대형 광고판에는 쌍둥이 특가 세일 중, 둘째는 단돈 1유로라는 광고가, 주차장에는 다섯 명 구입 시 무료 배송을 해준다는 차량까지 구비되어 있을 정도입니다. 부부는 이곳에 아이를 사러 왔군요. 마트도 궁금하고 아이를 사러 온 이들의 이야기는 더욱 궁금합니다.

부모됨의 첫 질문

뒤프레 부부가 입구로 들어서자 직원이 다가와 친절하게 인사를 합니다. 아이를 사고 싶다는 부인에게 직원은 여러 종류의 아이를 보여주는 쇼룸으로 안내해주었습니다. 다양한 나이의 여러 모델이 준비된 그곳에는 체조를 잘하는 아이, 신상품의 아이도 있었고 음악이나 수학에 탁월한 아이 등 여러 모델의 아이들이 있었습니다. 물론 1유로 알뜰 코너에 있는 쌍둥이도 보였습니다.

종류별로 정말 멋진 모델들이 많이 있었지만 뒤프레 부부가 딱 원하는 아이는 아니었습니다. 이들은 완벽한 아이를 찾고 있었으니까요. 뒤프레 부부의 요구에 맞추어 직원은 바티스트라는 이름을 가진 하나 남은 모델을 데려왔습니다. 뒤프레 부부는 초록색 니트를 입은 댄디 스타일의 이 소년이 무척이나 마음에 들었습니다. 이렇게 해서 뒤프레 부부는 바티스트의 부모가 되었고, 바티스트는 뒤프레 부부의 가족이 되었습니다. 여기서 질문이 하나 생깁니다. 완벽한 아이를 산 이 부부는 왜 부모가 되고자 했을까요?

종종 출산을 앞둔 부부들을 대상으로 예비부모 교육을 할 때가 있습니다. 첫 회기에 빠지지 않는 질문 중 하나가 '왜 부모가 되려고 하는가?'입니다. 이 질문을 하면 대개는 약간 당황해합니다. 이런 고민을 해본 적이 없다고 하면서도 부부는 재빠르게 눈을 마주치며 서로에게서 답을 구하는 눈치입니다. 결혼했으니 아이를 낳는 것은 자연스러운 일이라서, 확실한 성인이 되는 것 같아서, 아이를 낳아 가족 간에 사랑을 주고받고 싶어서, 어른들이 원하셔서, 자녀로 인해 부부가 더 연결되는 것 같아서 등의 다양한 이유들을 얘기하곤 합니다. 대개 하나의 이유보다는 복합적인 경우가 많습니다. 어떤 경우이든 '왜 우리는 아이를 낳으려 하는가?'라는 질문은 부모됨을 책임감 있게 시작하기 위한 출발점입니다. 부모됨의 동기는 부모됨의 바탕이 되기 때문입니다.

부모됨은 자연스러운 흐름이기도 하지만, 동시에 의식적인 선택입니다. 좋은 부모가 되고자 하기 이전에 왜 부모가 되려고 하는가를 먼저 생각하면 부모로서의 자신의 모습, 부모로서 협력하는 것, 부모자녀 관계에 대한 자신의 기대 등을 헤아릴 수 있습니다. 부모됨의 첫걸음은 이런 성찰에서 내디뎌지는 것입니다.

완벽한 아이,
바티스트

바티스트를 보면 볼수록 뒤프레 부인은 매우 흐뭇했습니다. 바티스트는 가족이 된 순간부터 단것은 이에 좋지 않다며 달콤한 솜사탕을 거절했고, 밥투정을 하지도, 음식을 흘리지도 않았고 얌전하게 혼자서도 잘 놀았으며 잠도 일찍 잤습니다. 동네 사람들도 아이가 예의 바르다고 서로 칭찬했습니다. 학교에서도 모든 과목을 다 잘했지요. 선생님마저도 완벽하다고 칭찬할 정도였습니다. 부모라면 누구나 다 원할 만한 모습이지요?

바티스트의 완벽함은 여기서 끝나지 않았습니다. 부모는 소파에 늘어져 앉아 여기저기 과자 부스러기를 흘리며 TV를 보고 있는데도 바티스트는 책을 읽었습니다. 아빠가 밤늦게 학교로 데리러 온 정말 정말 곤란한 상황에서도 화내지 않고 숫자를 13,572까지 세며 기다렸습니다. 심지어 엄마가 전화 받느라 엉뚱한 곳에 주스를 부으려 할 때 그곳에 컵을 갖다 대 주스가 쏟아지지 않게 할 정도였습니다. 냉장고가 텅텅 빌 정도로 시장을 보지 않은 엄마를 토닥이고, 잠자리에 들기 전 책을 읽어주던 아빠가 피곤해하자 도리어 아빠를 재워주었습니다. 바티스트는 뒤프레 부부가 원했던 그대로 너무나 완벽한 아이였습니다. 그 일이 있기 전까지는 말입니다.

완벽이 깨어진
어떤 하루

어느 날 바티스트가 아직도 침대에 있는 뒤프레 부부를 깨웠습니다. 눈을 뜬 엄마는 오늘이 바티스트 학교의 축제날이라는 것이 떠올랐습니다. 바티스트는 이날을 위해 준비한 꿀벌 의상을 입었습니다. 움직일 때마다 윙윙 소리를 내는 더듬이는 진짜 꿀벌이 된 것 같은 느낌을 주었습니다. 바티스트는 신나게 학교를 갔습니다.

그런데 교실에 들어선 순간, 바티스트는 깜짝 놀랐습니다. 축제 의상을 입고 온 사람은 자신뿐이었습니다. 선생님은 너무 놀랐고, 친구들은 웃음을 참지 못했습니다. 집에 돌아갈 때까지 바티스트는 아무 말도 하지 않았습니다. 하굣길에서도 친구들은 윙윙 더듬이 소리를 흉내 내며 바티스트를 놀려 댔습니다. 바티스트는 잔뜩 침울한 표정이었지만 아빠는 그

것을 눈치 채지 못했습니다. 집에 들어서자마자 바티스트는 더듬이와 날개 장식을 집어던지며 처음으로 소리를 지르고 화를 냈습니다.

> "축제는 다음 주란 말이에요!
> 오늘은 단체 사진을 찍는 날이었다고요ㅇㅇㅇㅇㅇㅇㅇㅇㅇㅇㅇ!"

단체사진 찍는 날인데, 혼자만 축제의상을 입었으니 그 창피함이 어땠을까요? 완벽했던 바티스트가 충분히 화낼 만합니다.

그렇지만 뒤프레 부부는 그것이 아니었나 봅니다. 다음날, 가족의 힘든 시간을 보여주듯 장대비가 쏟아졌습니다. 뒤프레 부부는 아랑곳하지 않고 잔뜩 화가 난 얼굴로 바티스트를 데리고 마트로 향했습니다. 자세히 보니 부부만 우산을 썼고 바티스트는 후드를 뒤집어 쓴 채 비를 맞으며 아빠 손에 끌려가고 있습니다. 이런 행동은 처음이라며, 아이의 행동이 도무지 이해가 되지 않는다며 서비스 센터에 불만을 접수했습니다. 직원은 몇 달이 걸리겠지만 수리를 맡기라고 제안했습니다. 이 상황을 어떻게 봐야 할까요? 아이가 감정을 드러내면 부모는 당황합니다. 그러나 아이도 그저 사람일 뿐입니다. 자녀는 실수도 하고 감정도 표현합니다. 그 순간 부모가 어떻게 반응하는지가 진짜 관계를 결정합니다.

있는 그대로
아이를 보기

사실 바티스트는 완벽했습니다. 그날의 일은 뒤프레 부부가 날짜를 착각하여 벌어진 일이었지요. 그러나 부부는 바티스트가 화를 내자 그에게 문제가 있다고 생각했습니다. 완벽한 아이는 그런 행동을 하지 않아야 하니까요. 뒤프레 부부는 아이가 부모의 기대를 정확히 충족시킬 때 비로소 '좋은 아이'라 여긴 것입니다. 그러나 그 기대는 누구를 위한 것인가요?

부모가 미리 기준을 정해두고 아이를 그에 맞추려는 것은 부모중심적인 태도입니다. 부모를 중심으로 부모됨을 구상하게 되면 뒤프레 부부처럼 모든 일의 책임은 자녀에게 있다는 오류에 빠질 수 있습니다. 부모의 이런 태도는 자녀를 소유로 보는 것입니다. 아이를 부모의 틀에 맞춰 조정하는 것이 아니라, 그 아이의 고유성을 탐색하고 발견하는 것이 우선입니다. 그리고 그것을 받아들이는 것이 진짜 양육입니다.

언젠가 곧 출산을 앞둔 젊은 엄마의 질문을 받은 적이 있습니다. 당시 특정 나라의 육아법에 대한 엄마들의 관심이 높은 때였는데, 이 방식으로 키우면 아이가 정말 책에서 말하는 것처럼 되느냐 하는 것이었지요. 아이에 대한 지극한 관심과 사랑에서 나온 질문이고 기대하는 대답이 있다는 것이 느껴졌지만, 그렇다고 해서 해야 할 얘기를 빠뜨릴 수는 없었습니다. "아이를 잘 키우고 싶으시지요? 그런데 우리는 태어날 아이가 어떤 성향을 가진 아이일지 지금은 전혀 모릅니다. 아이를 잘 기르고 싶은 마음은 충분히 이해됩니다만, 육아 방법을 미리 염두에 두는 것은 조금 빠른 것이 아닐까요? 아이가 태어나면 우선은 그 아이가 어떤 아이인지를 잘 알아가면 좋을 것 같습니다. 그러면서 아이에게 맞는 방식을 찾아가면 어떨까요?"라고 조심스럽게 대답했던 기억이 납니다.

전문가의 조언이나 육아서, 각종 미디어를 통해 홍수처럼 쏟아져나오는 수많은 육아 정보들에 붙들려 그것으로 아이를 재다가 자칫 잘못하면 가장 소중한 것을 놓치는 착오를 범할 수 있습니다. 이런 면에서 의사이자 교육자였던 야누쉬 코르착(Janusz Korczak)의 책 『어떻게 아이들을 사랑해야 하는가』의 한 대목이 부모의 자녀관에 대한 근본적인 통찰을 안겨줍니다.

> "나는 내가 알지 못하는 부모들이 알지 못하는 상황에서, 내가 알지 못하는 아이를 어떻게 키울지 모르겠고 알 수도 없다 (…) 어떤 책이나 어떤 의사도 우리 자신의 깨어 있는 생각과 조심스러운 관찰을 대신할 수 없다는 점을 깨닫는 것이 중요하다."

누구나 자신만의 속도를 가지고 있습니다. 아이는 더욱 그렇습니다. 그래서 아이를 잘 관찰하고 부모 스스로 꾸준히 성찰하며 아이를 제대로 알아가는 것이 중요합니다. 그래야 아이를 나와는 다른 인격체로, 아이답게 바라볼 수 있습니다.

부모됨, 함께
성장하는 여정

"얘야, 네 생각은 어때? 새 가족이 마음에 드니?"

직원의 질문에 바티스트는 뭐라고 답했을까요? 머뭇거리던 바티스트는 이렇게 대답했습니다.

"… 혹시 저한테도 완벽한 부모님을 찾아주실 수 있나요?"

뒤프레 부부는 허를 찔린 듯 무척 당황스러웠습니다. 아마도 이 장면이 이 책의 압권일 것입니다. 저 역시 부모로서 허술함이 가득했던 지난날의 모습이 파노라마처럼 머리를 스쳐갔습니다. 아이 앞에서는 그럴듯하게 포장하며 둘러댔지만 실상은 저의 부족함이나 미숙함으로 아이를 힘들게 한 시간들 말입니다. 직원 역시 당황스러웠지만, 엉뚱한 생각이라며 적당히 얼버무렸습니다. 곤란한 상황일 때 어른들이 잘하는 행동이지요!

정말 엉뚱한 생각일까요? 완벽함의 대상에서 부모는 제

외되는 것인가요? 부모는 스스로를 돌아보기보다는 이런저런 이유를 내세우며 아이에게 여러 가지 것들을 지시하고 통제하면서 나름의 완벽한 모습을 요구하기 쉽습니다. 만약 부모가 부모 노릇이 처음이라는 점을 먼저 염두에 둔다면 부모됨의 기본자세는 달라질 것입니다. 부모도 실수할 수 있고, 그래서 성장할 수 있습니다.

부모가 아이의 내재된 힘을 존중하고 부모의 약함과 불완전함을 인정한다면 자녀와의 신뢰는 더 깊어지고 단단해집니다. 완벽한 아이에 대한 집착은 부모의 불안을 감추는 방어일 수 있습니다. 부모가 된다는 것은 단지 아이를 갖는 일이 아니라 나 자신을 다시 묻고 아이와 함께 자라가는 여정이라는 것을 부모는 잘 기억해야 합니다.

좋은 부모는 완벽한 부모를
의미하지 않는다

이제 결말이 어떻게 되었을지 궁금하지 않나요? 바티스트는 수리를 받고 더 완벽한 아이가 되어 뒤프레 부부에게 돌아갔을까요? 아니면 바티스트가 말한 대로 완벽한 부모를 찾았을까요? 그 답은 뒷면지에 있습니다. 뒤프레 부부와 바티스트는 모두 솜사탕을 하나씩 맛있게 먹으며 어디론가 가고 있습니다. 가족이 된 첫날, 기념으로 솜사탕을 사주겠다고 했을 때 바티스트가 단 것은 이에 좋지 않다며 거절했었던 때와는 매우 대조적입니다. 마치 '완벽한 아이도, 완벽한 부모도 되지 않기로 하다'라고 선언이라도 하는 것 같습니다. 달콤한 결말을 반영하듯 그렇게 쏟아지던 비도 그쳤네요.

뒷표지는 카트에 담겨 있는 아이로 상징되는, 부모가 이미 상정해놓은 카테고리에 가둘 수 있는 존재가 아니라는 사실을 다시 알려줍니다. 어떤 부모가 되고 싶은가는 왜 부모가 되려고 하는지, 아이를 어떤 시선으로 바라보는지와 연결되어 있습니다. 아이를 비행기 태워주는 아빠, 손을 높이 들어 유쾌하게 호응해주는 엄마, 과자를 들고 높이 올려져 있는 아이. 손에서 떨어지는 과자 부스러기도 아랑곳하지 않고 즐거운 시간을 보내는 그림이 비로소 아이다움을 인정하는 참된 가족이 된 것 같아 보는 이도 편안합니다. 카트에 담겨 왔다가 마음껏 자유로운 상태로 끝나는 앞, 뒷표지가 부모됨의 핵심 가치를 잘 전달해줍니다.

좋은 부모가 완벽한 부모를 의미하지는 않습니다. 좋은 아이도 완벽한 아이를 의미하지는 않습니다. 이 전제를 충분히 이해하고 완벽하게 인정하는 것이 먼저입니다. 영국의 심리학자 도널드 위니컷(Donald Winnicott)의 말대로 완벽한 부모가 아니라 '충분히 좋은 혹은 그만하면 괜찮은(good-enough) 부모'를 지향하는 태도가 진정한 부모됨에 도움이 됩니다. 완벽하지 않아도 아이는 충분히 잘 자랍니다. 좋은 어른으로 곁에 있어주는 것이 아름다운 부모입니다.

공원에서 일어난 이야기

앤서니 브라운 글·그림, 김향금 옮김 |
삼성출판사

내 아이의 거울, 나는 어떤 부모일까?

    교육이나 상담 현장에서 부모들을 만나면 자녀를 어떤 방식으로 키우면 좋은가에 대한 고민이 많습니다. 그분들의 얘기를 들어보면 얼마나 자녀를 깊이 사랑하고 염려하는지 아이를 만난 적이 없는 저까지도 애정이 생길 정도입니다. 그러나 아이를 사랑하는 마음이 크다고 해서 아이를 잘 아는 것은 아닙니다. 자녀양육 방식을 고민할 때 부모는 이 점을 놓치지 않아야 합니다. 내 아이니까 내가 어련히 잘 알고 있겠냐라는 부모의 당연한 확신이 관계의 착시현상을 불러오기도 하니 말입니다.

    대개 부모들은 대화를 잘하는 방법을 배우면 관계가 좋아지지 않을까, 자존감을 잘 다루면 더 좋아지지 않을까, 내가 좀 더 참고 품어주면 되지 않을까, 공감하고 감정을 잘 읽어주어야지 등의 범주에서 접근하려고 합니다. 좋은 방법들이지만 부모의 진심이 자녀에게 제대로 닿지 못하는 것은 이런 방법들이 실제 아이를 대하는 태도와 조화를 이루지 못하기 때문입니다. 여기에는 부모들이 자주 간과하는 것, 즉 부모와 자녀가 같은 것을 보고도 다르게 해석할 수 있다는 전제가 작동하고 있습니다. 이 작품은 이런 측면을 잘 보여줍니다.

앤서니 브라운만의 화법이 잘 묻어나는 이 작품은 네 인물의 시선을 통해 부모의 양육방식과 가족 안에 존재하는 해석의 차이, 그리고 그 의미를 잘 짚어줍니다. 원제는 'Voices in the park'인데 Voices 글자의 폰트를 다르게 하여 등장인물들의 시선을 놓치지 않았습니다. 게다가 이를 옴니버스 형식으로 구성하여 그 흥미를 더했고, 주인공과 계절을 연결해 인물의 상황을 시각적으로 더 와닿게 한 점도 돋보입니다. 감초처럼 등장하는 두 마리의 개 이야기도 빠뜨리면 서운합니다.

이 작품의 또 다른 특징은 초현실주의에 대한 작가의 남다른 애착이 담겨 있다는 것입니다. 여기서는 르네 마그리트의 <골콩드>나 <빛의 제국> 등과 연결하여, '중산모'라든가 '낮과 밤'이라는 주제를 작가 고유의 방식으로 풀어 작품의 메시지를 더욱 부각시키고 있습니다. 그래서 그림을 찬찬히 읽으며 따라가다 보면 어느새 조곤조곤 일러주는 그림의 얘기에 귀를 기울이게 됩니다. 이 책은 초판과 복간본의 표지가 다르게 소개되었는데, 여기서는 초판 그림책으로 이야기를 따라가겠습니다.

가을이 곱게 물든 공원 오솔길에 두 아이가 서 있습니다. 여러 그루의 나무들이 길 따라 줄지어 서 있으면서도 그 무성함이 하나로 어우러져 있어 아이들이 마치 커다란 단풍 지붕 아래에 있는 것처럼 보입니다. 꽤 중압감이 느껴질 정도로 빈틈없이 우거진 나무에 비해 아이들은 너무 작습니다. 나무에 압도될 것처럼 보이기도 하지만, 그럼에도 아이들 뒤편으로 펼쳐진 초록과 노랑의 숲이 아이들 특유의 명랑함과 활력을 보여줍니다.

책을 다 읽고 나서 표지를 다시 살펴보면 좋겠습니다. 나무와 아이들이 다시 보이고 그 느낌이 처음과는 많이 달라집니다. 이런 은근한 기쁨이 바로 그림책의 묘미입니다.

찰스 엄마의 이야기
- 통제 중심의 양육

첫 번째 이야기의 주인공은 찰스 엄마입니다. 붉은 중산모와 화려한 스카프로 멋을 낸 세련된 옷차림, 군더더기 하나 없는 깔끔한 이층집이 찰스 가정의 안정된 삶을 보여줍니다. 등장인물보다 배경이 훨씬 더 크게 묘사되어 이 가정의 넉넉함을 알 수 있습니다. 이를 반영하듯 찰스 엄마의 계절은 풍요로운 가을입니다.

첫 장면은 이렇게 시작합니다.

"우리 집 개 빅토리아와 아들 찰스를 데리고 공원에 산책하러 갈 시간이었어."

평범한 듯한 이 한마디가 찰스 엄마의 딱딱한 표정과 어우러지니 이 짧은 말이 전혀 평범하게 들리지 않습니다. 정해진 스케줄, 정해진 동반자, 찰스 엄마는 규칙이나 원칙, 이미지를 중요시하는 것처럼 보입니다. 찰스 엄마가 쓰고 있는 붉은 중산모의 이미지까지 더해지니 더 그러합니다. 이 모자는 속표지와 뒷표지에도 등장하고 있고, 심지어 모자의 색깔과 표지의 붉은색도 같은 색감입니다. 붉은색은 열정을 상징하기도 하지만, 다른 이에게 공격적으로 나타날 때는 억압의 의미도 가지고 있다는 점을 생각하면 가족 안에서 찰스 엄마의 영향력이 예사롭지 않다는 것을 알 수 있습니다.

공원에 도착한 찰스 엄마는 우선 빅토리아의 목줄을 풀어주었습니다. 엄마의 뒤쪽으로 찰스의 신발 끝이 보이고 빅토리아 뒤쪽으로는 다른 개의 얼굴이 슬쩍 보입니다. 찰스 엄마는 끔찍한 개가 나타나 빅토리아를 괴롭힌다고 투덜댔지만 빅토리아는 가만히 서 있었습니다. 빅토리아는 온순하고 충성심이 높은 레브라도 리트리버거든요.

공원 저 멀리 평범한 사람과 왕관을 쓴 여인이 마주 걸어오고 있습니다. 이런 배경은 공원이 어떤 곳인지를 잘 보여줍니다. 공원은 신분, 지위, 성별, 나이 등과 같은 사회적인 조건에 제약받지 않고 여러 사람이 편히 왕래하며 휴식을 취하는 장소입니다. 사람과 사람 사이의 다양한 만남이 어색하지 않으며, 함께 혹은 따로 누리는 소소한 즐거움이 있는 공간이지요. 찰스 엄마에게 공원은 어떤 곳일까요?

두 사람은 엄마가 지정한 벤치에 나란히 앉았지만, 각자 다른 곳을 보고 있습니다. 오히려 두 사람 뒤로 빅토리아와 검은색과 흰색이 잘 어우러진 예쁜 개가 같은 방향을 보며 달려가고 있습니다. 빅토리아를 괴롭힐까 봐 찰스 엄마가 날을 세운 것과는 달리 이 둘은 벌써 마음이 맞았나 봅니다.

찰스 엄마는 왜 이 개가 끔찍하다고 생각했을까요? 낯선 개가 자신의 기준이나 기대에 부합하지 않았는지도 모릅니다. 낯선 대상 자체를 경계할 수도 있습니다. 산책을 방해받았다고 여겼는지도 모릅니다. 예기치 않은 일이 일어나는 것을 싫어했을 수도 있습니다. 무엇이 되었든 상대를 잘 살피지 않고 극히 주관적인 찰스 엄마의 판단이 작용했다는 것은 분명합니다. 자신을 중심에 놓고 세상을 보게 되면 주변을 용납하고 수용하는 범위가 제한적일 수밖에 없습니다. 자신에게 편안하고 익숙한 것 중심으로 섣불리 판단하고 움직이게 될 가능성이 많습니다. 그런데 이와는 다른 한 사람이 등장합니다. 달리는 개들 뒤를 지나가는 사람이 보이는데 그림자가 악어입니다. 마치 사람이 악어를 데리고 산책하는 것처럼 말입니다. 사람이 악어와 함께 이렇듯 편안할 수 있나요? 친숙한 것에 의외의 것을 배치하여 보는 이로 하여금 성찰적인 질문을 하게 만드는 르네 마그리트식의 초현실적인 접근이 의미심장하게 다가오는 장면입니다.

엄마는 저녁 식사 메뉴를 고민하면서 나름의 생각에 빠져 있는데, 찰스는 벤치의 막다른 끝에 있는 누군가를 쳐다보고 있습니다. 찰스의 시선을 따라가면 빨간색 상의와 하늘색 하의만 살짝 드러나 있습니다. 찰스는 누구를 보고 있는 것일까요? 갑자기 엄마는 자신의 곁에 얌전히 있어야 할 찰스가 사라졌다는 것을 깨달았습니다. 공원에서 무서운 일이 많이 일어나고 있다고 생각한 엄마는 너무 놀랐습니다.

엄마의 두려움을 대변하듯 단정하게 모양 잡혀 있던 나무들은 곤두선 머리카락처럼 쭈뼛거리고, 엄마의 놀란 마음을 코러스로 대신해주는 것처럼 입을 벌리고 있습니다. 두 손을 입에 대고 큰 소리로 찰스를 부르는 엄마의 목소리는 나무를 흔드는 것을 넘어서 나뭇잎이 떨어져 나갈 정도였고, 엄마의 모습이 그림틀보다 크게 묘사된 것은 그만큼 큰일이 생겼다는 것을 암시해줍니다.

찰스 엄마가 벤치 끝에 앉아 있는 허름한 남자를 흘끔거리며 곁눈질해보지만, 그 사람은 가까이에서 벌어지는 소란이 들리지 않는 듯 무심하게 신문만 쳐다보고 있습니다. 두 사람 사이를 가로지는 가로등이 물리적 거리와 상관없이 서로가 완전히 분리되어 있다는 것을 보여줍니다. 교류보다는 단절과 고립의 삶을 살아가는 현대인의 모습과 많이 닮은 것 같아 왠지 마음이 쓸쓸해집니다.

얼마나 겁이 났는지 십 년은 아이 이름을 부른 것처럼 느껴질 정도로 속이 탔던 찰스 엄마가 마침내 어떤 여자아이와 얘기를 나누고 있는 찰스를 발견했습니다. 무성한 나무 아래에서 두 아이가 마주 보고 있고 개 두 마리도 마주 보고 있습니다. 이런 모습은 엄마의 부정적인 예단과는 달리 아이들이나 개는 서로에게 위험하지도 않았고 오히려 서로 마음이 통했다는 것을 알려줍니다. 그러나 그 여자아이가 아주 좋지 않은 아이라고 생각한 엄마는 찰스에게 속히 엄마 쪽으로 오라고 소리쳤습니다. 그리고는 빅토리아까지 불러 바로 집으로 돌아왔습니다. 아무 말도 하지 않은 채로! 규칙과 단정함을 중시했던 찰스의 엄마는 예측되지 않은 상황이 불편했고 아이의 세계에 귀 기울이지 못했습니다. 사랑은 있겠지만 소통은 없는 것입니다.

찰스를 데리고 공원을 빠져나가는 엄마의 걸음 뒤로 노여움 하나하나를 꾹꾹 찍어낸 듯한 나뭇잎이 발자국처럼 길게 이어져 있습니다. 그 뒤로 멀리 보이는 불타는 나무까지 엄마는 정말 단단히 화가 난 모양입니다. 무거운 침묵에 찰스는 더 작아지고 엄마의 존재감은 더 커져갑니다.

이 장면을 보며 어린 시절 동네에서 친구들과 골목에서 놀던 때가 떠올랐습니다. 찰스 엄마의 고함 소리가 언제까지 밖에 있을 거냐, 집에는 안 올 거냐, 그럴 거면 아예 밖에서 살아라던 엄마의 고함 소리와 겹쳐져 설핏 미소가 어립니다. 내가 얼마나 즐거운지는 아랑곳하지 않고 엄마 마음대로 하는 것 같아 어린 마음에도 무척이나 야속했었습니다. 시간의 힘은 고함 소리도, 야속함조차도 아득한 그리움으로 만들지만, 헤아림 받지 못했던 그때의 마음은 여전히 아쉬움입니다.

통제 높은
부모의 특징

산책을 갈 때나 공원을 떠날 때 보여주었던 엄마의 모습, 공원에 도착하여 어디에 앉을 것인지를 지정하거나 벤치에 앉아 있을 때의 모습, 그리고 찰스가 보이지 않았을 때의 놀란 마음을 제대로 표현하지도 못하고, 어찌된 영문인지 자세히 알아보려 하지도 않으며 아이에게 상황을 알아듣도록 얘기해주지도 않는 모습 등을 볼 때 찰스 엄마는 '권위주의형 혹은 독재형'에 해당합니다. 찰스 엄마처럼 부모가 임의로 정한 기준을 엄격하게 적용하는 양육방식을 말합니다.

이 유형은 자녀와 양적으로나 질적으로 교류가 많지 않으며 자녀가 원하는 것에도 둔감한 편입니다. 교류가 적다 보니 자녀가 이해하도록 구체적으로 설명하는 과정도 거의 생략됩니다. 그리하여 결국 자녀와 소통하는 것도, 적절하게 훈육하는 일도 제대로 이루어지지 못하는 것입니다. 그러면서도 통제 수준은 높아 부모의 말 한마디에 모든 것이 정해지는 경우가 많습니다. 사소한 일에서부터 중요한 일에 이르기까지 부모가 일방적으로 지시하거나 과도하게 간섭하기도 합니다.

아이의 호소는 아직 뭘 몰라서 하는 이야기 정도로 치부하고 부모가 어련히 알아서 하겠냐며 자녀는 무조건 따라와야 한다고 생각합니다. 아이는 침묵하게 되고 부모는 자신이 옳다고 확신합니다. 아이의 말보다 부모의 기준이 앞서는 관계인 것입니다. 필요하면 자녀가 좋아하는 것을 못 하게 하겠다든가 용돈을 주지 않겠다든가 외출 금지 등과 같은 위협과 실제 그렇게 실행하는 처벌을 통해서라도 부모의 뜻을 관철하고자 합니다. 그러다 보니 절대적 권위를 내세우게 되고 위계가 엄격해져 찰스 모자처럼 부모자녀 관계가 경직될 가능성이 많습니다. 독재형 부모를 떠올리면 근엄하고 무섭기만 할 것 같지만 의외로 부드러운 독재형도 있습니다. 그렇다고 해서 독재형의 범주에서 벗어나는 것은 아닙니다.

스머지 아빠의 이야기
- 교류 중심의 양육

두 번째 주인공은 스머지 아빠입니다. 턱을 괴고 암체어에 앉아 있는 아빠의 얼굴에 근심이 가득합니다. 아빠의 뒤로 보이는 그림자가 아빠의 마음을 더 부각해주고 있습니다. 그래서 그런지 아빠의 계절은 시린 겨울입니다.

아빠는 외출할 일이 생기자 딸 스머지와 개를 공원에 데려가려고 함께 집을 나섰습니다. 공원으로 가는 길은 춥고 을씨년스럽기 그지없습니다. 담장 뒤로 보이는 건물은 우중충하고, 길바닥에는 여기저기 굴러다니는 쓰레기들이 마음을 심란하게 합니다. 찰스의 집이 있던 동네와는 달리 많이 다르다는 것을 알려줍니다.

거리의 모든 풍경은 실의에 빠진 스머지 아빠의 마음을 상징적으로 잘 보여주고 있습니다. 구부러진 가로등이나 잎이라곤 하나 없는 앙상한 가로수의 휘어진 가지는 아빠의 처진 어깨와 구부정한 등입니다. 다른 사람에게 선물을 나눠주어야 하는 산타클로스 할아버지는 도리어 구걸을 하고 있고, 길가에 전시된 그림마저도 울고 있습니다. 원작은 은은한 미소가 공통점인 <웃고 있는 기사>와 <모나리자>입니다. 그런데 지금은 이들이 흘린 눈물로 주변이 흥건할 정도입니다. 지금 스머지 아빠가 얼마나 절망적인지 충분히 느끼게 되는 장면입니다. 그럼에도 저 멀리 하늘 끝자락에 보이는 한줄기 빛이 아빠와 함께 걸어가는 스머지의 미소와 어우러져 독자로 하여금 뭔가 좋은 일이 있을 것 같은 희망을 놓지 않게 합니다.

공원에 도착해 개의 목줄을 풀어주는 스머지 아빠의 힘 없는 모습과는 대조적으로 개는 힘이 넘쳐납니다. 꼬리는 쉴 새 없이 흔들리고 앞으로 숙인 몸은 당장이라도 뛰쳐나갈 기세입니다. 아니나 다를까 목줄을 풀자마자 빅토리아와 공원 여기저기를 바람처럼 달리며 놀고 있습니다. 이제 보니 찰스 엄마가 말했던 끔찍한 개는 바로 스머지네 개였습니다.

이 장면의 배경도 재미있습니다. 기운 없는 아빠의 뒤로 우산을 쓴 누군가가 걸어가고 있습니다. 공중에는 우산을 들고 빛을 향해 날아가는 메리 포핀스가 보입니다. 비가 오면 우산을 펼쳐 비를 피하듯이 낙망 중에 있는 아빠에게도 이런 희망의 우산이 펼쳐진다면 얼마나 좋을까, 마법을 쓰는 메리 포핀스가 찾아와 웃음을 되찾아 준다면 얼마나 좋을까 하는 기분 좋은 상상이 절로 떠오릅니다.

스머지 아빠는 공원 벤치에 앉아 일자리를 찾아보려고

신문을 읽었습니다. 스머지 아빠가 실의에 빠져 있었던 것은 실직을 했기 때문이었군요. 신문에 실린 뭉크의 <절규>가 초조하고 두려운 아빠의 속내를 잘 드러내줍니다. 그렇지만 다행스럽게도 딸 스머지 덕분에 아빠는 기운을 차릴 수 있었습니다. 아빠의 이런 마음이 드러나듯 같은 길이지만 집으로 돌아가는 길은 공원으로 올 때와 확연히 달라졌습니다. 모든 것이 희망적입니다.

하늘은 별빛으로 가득하고, 곧고 단단해진 나뭇가지에는 새순과 빛의 열매들이 반짝거립니다. 우중충했던 건물은 모든 창문이 화려한 불빛으로 빛나고 건물 옥상에는 킹콩이 응원을 보내고 있습니다. 기사와 모나리자는 액자 밖으로 나와 마주 보며 탱고를 추고 산타클로스는 발레를 하고 있습니다. 침침하기만 했던 담장은 노랑과 빨강으로 화사해졌습니다.

다른 무엇보다도 가로등의 변신이 압권입니다. 불도 제대로 들어오지 않아 스산했던 가로등이 얼어붙은 땅을 뚫고 위쪽으로 힘차게 솟아올라 초록의 단단한 꽃대기둥이 되면서 꽃을 피워냈습니다. 봄에 가장 먼저 피는 스노우드롭(snowdrop)입니다. 추운 겨울이 끝나가니 힘을 내라는 것처럼 스머지 부녀의 발걸음을 환하게 비춰주고 있습니다. 희망과 위안이라는 꽃말이 적확하게 어울리는 장면이 아닐 수 없습니다.

아빠를 올려다보며 병아리처럼 재잘대는 스머지와 그런 딸을 따뜻하게 바라보는 아빠의 미소에 사랑이 담뿍 담겼습니다. 낙심한 아빠를 웃게 만든 것은 아이의 웃음이었습니다. 때로 부모가 예기치 않은 힘든 시간을 보낼 때, 그리고 그것이 지나가길 기다리며 견디고 있을 때, 자녀가 보여주는 맑고 천진한 즐거움은 부모에게 응원이 되기도 하고 축복이기도 하며 세상을 살게 하는 원동력이 되기도 합니다.

민주적 양육이 만들어내는
따뜻한 유대

우리는 스머지 아빠를 통해 자녀를 대하는 또 다른 방식을 접하게 됩니다. 스머지 아빠는 '우리 집 개와 아들을 데리고' 갔던 찰스 엄마와 달리 '내 딸 스머지와 함께'라고 말하며 자녀와 상호작용하는 태도의 온도차를 명확히 보여줍니다. 아이가 무조건 부모의 규칙에 의해 움직이는 것이 아니라, 아빠 일로 외출을 하지만 스머지를 동반하여 부모의 관심 속에 자녀를 두고 있는 모습을 봅니다. 스머지 아빠는 얘기를 나누고자 하는 딸의 욕구에 세심하게 반응하여 눈을 맞추고 이야기를 들어주며 상호작용합니다. 실직으로 마음이 무거운 상황에서도 딸과의 교류를 포기하지 않은 아빠의 모습은 감동적인 회복의 서사가 되었습니다. 세심한 응답과 공감, 그곳에 아이의 마음이 머뭅니다. 이것이 '민주적 양육방식'입니다. 자녀를 존중하고 자녀의 자율성을 인정하며, 부모로서의 합리적인 권위를 지키면서도 자녀의 욕구를 살피는 모습입니다. 위협과 억압적인 통제가 아니라 대화를 통해 훈계하고 적절한 통제를 사용하여 자녀를 가르칩니다. 자녀가 어릴수록 애정과 통제수준이 높을 수밖에 없습니다. 그러나 자녀가 자라면서 점차 통제와 애정의 균형을 적절하게 맞추어가려는 자세가 필요합니다. 이 균형을 맞추려고 애쓰는 과정이 곧 민주적인 방식으로 진화해가는 여정입니다. 민주적인 양육태도는 때로 가족이 예상치 못한 어려움을 겪게 되더라도 스머지 가족처럼 부모와 자녀의 유대감을 더욱 깊어지도록 이끌어갑니다. 스머지 아빠를 통해 자녀의 감정에 민감하게 반응하며 서로의 마음이 만나는 양육 방식을 배웁니다.

찰스 이야기
– 통제받는 아이의 내면

　　　　　세 번째 주인공은 찰스입니다. 방에서 무표정하게 창밖을 바라보고 있는 찰스의 옆모습이 보입니다. 그런데 찰스가 있는 방이 일반적인 방과는 조금 다릅니다. 하나의 방이지만 여러 개의 벽이 가로막고 있어 마치 방 안에 몇 개의 다른 방들이 있는 것 같습니다. 찰스는 방에 있다기보다 오히려 갇혀 있는 것처럼 보입니다. 빅토리아도 같은 방에 있지만 찰스와는 멀찍이 떨어져 그저 묵묵히 앉아 있습니다. 메마르고 고립되면서도 경직된 분위기가 고스란히 묻어납니다. 그래서일까요? 스머지 아빠처럼 찰스의 계절도 겨울입니다. 찰스는 어떤 이야기를 들려줄까요?

공원을 들어선 찰스의 뒷모습 위로 엄마의 그림자가 길게 드리워져 있습니다. 가로등도, 앙상한 겨울나무조차도 검은 중산모 형상입니다. 푸른 하늘은 중산모 가로등 안에 갇혀버렸습니다. 거무스름한 하늘 여기저기에 회색 중산모 구름이 떠 있습니다. 찰스의 눈에 비친 공원은 온통 어두운 중산모인 모양입니다. 르네 마그리트가 검은 양복과 검은 중산모로 개인의 정체성 상실을 표현했던 것을 생각하면, 찰스는 없고 엄마 기준에 맞추어진 아이만 존재한다는 의미가 더 부각됩니다. 중산모 가로등이 일렬로 서 있는 길이 앞으로 찰스가 걸어가야 하는 길인가 싶어 마음이 답답해집니다.

찰스가 바라보는 공원을 보니 빅토리아는 벌써 스머지 네 개와 같이 달리고 있고, 다른 쪽에서는 공놀이를 하는 아이들이 있습니다. 엄마의 그림자 속에서 엉거주춤 그들을 바라보는 찰스의 뒷모습이 더욱 외로워 보입니다. 그때 같은 벤치에 앉아 있던 스머지가 찰스에게 같이 미끄럼을 타자며 말을 걸어왔습니다. 그런데 마주 보는 두 아이의 공원이 다릅니다. 같은 시각, 같은 장소인데도 가로등을 기점으로 두 개의 다른 공원이 펼쳐집니다. 찰스의 공원은 흐린 하늘의 우울한 겨울입니다. 자전거를 타는 두 사람이 등을 지고 서로 자기 방향으로 자전거를 끌고 가려는 장면이 찰스가 있는 공원의 배경입니다. 반면에 스머지의 공원은 밝고 푸른 하늘과 예쁜 들꽃으로 환한 봄날입니다. 두 아이가 바라보는 세상이 이렇게 다릅니다. 눈길을 끄는 것 한 가지는 둘이 앉아 있는 벤치가 가로등에 의해 나눠지지 않고 하나라는 것입니다. 비록 바라보는 세상은 다르지만 하나의 벤치로 연결된 아이들이 친구로도 이어지길 바라는 마음을 담았을까요?

찰스의 외로움이 조금이라도 덜어지길 기대하며 얼른 다음 장면으로 넘어가 봅니다. 다행히도 함께 미끄럼을 타려는 듯 두 아이가 미끄럼틀 꼭대기에 올라가 있습니다. 찰스에게는 큰 모험일 것 같습니다. 회색의 구름 중산모는 이제 더 이상 보이지 않습니다. 칙칙한 구름 사이로 조금씩 드러나는 푸른 하늘이 서서히 밝아지는 찰스의 마음인 것 같아 흐뭇해집니다. 아래로 곧게 뻗은 미끄럼틀이 프레임을 벗어나 밖으로 나와 있습니다. 마치 미끄럼을 타고 쭉 내려오면 엄마의 영향력에서 벗어날 수 있을 것처럼 말입니다.

그러나 미끄럼틀을 타려는 찰스의 표정에는 긴장이 역력합니다. 괜찮다는 듯 스머지가 뒤에서 등을 토닥여주지만, 미끄럼틀에 비친 그림자가 불안한 찰스의 속마음을 잘 알려줍니다. 제한된 틀 속에 있다가 혼자 시도하는 도전이 얼마나 두려울까요? 이런 까닭인지 장갑을 낀 양손이 미끄럼틀을 꽉 붙잡고 있습니다. 사실 지금까지는 찰스의 손을 볼 수가 없었습니다. 찰스의 손은 방에 있을 때에도 공원에 와서도 늘 주머니 속에 들어가 있었습니다. 이 장면에서 비로소 찰스의 손이 드러납니다. 손은 자유를 의미합니다. 그러나 아직은 너무나 약합니다. 찰스의 손에 여전히 장갑이 끼워져 있으니까요. 그럼에도 미끄럼틀을 둘러싸고 피어 있는 스노우드롭이 희망을 들려주고, 한쪽 날개가 부러졌지만 바닥에 박히지 않고 미끄럼틀 옆에 착륙해 있는 비행기가 찰스를 응원해주는 것 같아 아이의 변화를 더욱 기대하게 됩니다.

그리스 신화에 나올 법한 여신의 석상 사이를 두 마리의 개가 쏜살같이 달려가는데, 서로 꼬리가 바뀌어 있을 정도로 거의 한 몸처럼 붙어 달리고 있습니다. 아이들도 구름 사다리에 함께 매달렸습니다. 그네를 타듯 온몸을 반동에 맡기며 명랑하게 노는 스머지와는 달리 찰스는 매달려 있지만 아직은 어색한 듯 굳어 있습니다. 그렇지만 둘 다 외투를 벗은 걸 보면 조금 전보다는 훨씬 적극적이고 두 아이도 더 친해진 모양입니다. 반갑게도 마침내 여기서 찰스는 장갑을 다 벗고 자신의 맨손을 온전히 드러내고 있습니다. 엄마의 영향력이 여전히 남아 있지만 스스로 조금씩 다른 모험을 해보는 찰스의 다음 행보가 궁금해집니다.

찰스는 스머지에게 자신이 잘하는 나무타기를 가르쳐주었습니다. 머뭇거리며 조심스레 친구를 따라 하기만 하던 찰스에서 이제는 자신이 잘하는 것을 친구에게 가르쳐줄 정도로 적극적이 되었습니다. 누군가의 지시가 아니라 찰스 스스로 움직이기 시작하는 것 같아 그 모습이 기특합니다. 나무를 타고 올라가는 찰스가 처음으로 정면을 바라보며 환하게 웃습니다. 얼마나 즐거웠는지 두 아이가 타고 있는 나무에 연분홍 꽃이 활짝 피었습니다. 찰스의 세계는 더 이상 겨울이 아닌 것입니다.

그러나 어쩔 수 없이 집으로 돌아가야 하는 찰스의 마음 때문인지 공원은 다시 어두워졌습니다. 보호가 필요 없을 정도로 다 자란 나무인데도 보호대가 설치된 커다란 나무가 엄마의 과도한 보호 속에 있는 찰스를 연상시킵니다. 그렇지만 엄마가 찰스의 마음까지 어찌할 수는 없습니다. 아쉬운 듯 뒤돌아보는 찰스의 걸음 뒤로 작은 연분홍 꽃잎들이 발자국처럼 예쁘게 이어져 있습니다. 스머지를 다시 만나 놀고 싶은 마음처럼 말이지요. 이런 찰스의 바람을 눈치챈 듯 한쪽에서 사랑의 화살을 준비하고 있는 큐피드 석상이 반갑습니다.

아이의 시선을 존중하는 것에서
시작되는 관계

찰스 엄마에게 다른 집 개는 끔찍했고 모르는 여자아이는 험하게 생긴 아이였지만, 찰스에게는 다정한 개였고 스머지는 참 좋은 아이였습니다. 찰스와 엄마는 같이 있었지만 같이 있지 않았고, 같은 것을 보았지만 같은 생각을 하지는 않았습니다. 부모의 판단이 전부가 아닙니다. 아이가 어리다고 해서 생각이 없는 것은 아닙니다. 아이도 세상을 보고 있습니다. 부모는 이것을 간과하지 말아야 합니다. 아이를 인격체로 바라본다는 것은 아이의 관점을 하나의 진실로 받아들이는 데서 시작됩니다. 이렇게 된다면 부모는 적어도 겉으로 보이는 아이의 모습에 안심하는 오류에 빠지지는 않을 것입니다.

찰스는 '독재적 유형'의 부모에게서 자란 자녀의 특성을 잘 보여줍니다. 심심하고 외롭지만 그 속내를 잘 드러내지 않았던 찰스처럼 대부분은 무언가를 표현할 필요를 느끼지 않습니다. 자율성이 거의 인정되지 않기 때문에 말해도 소용이 없다는 것을 이미 경험적으로 알고 있는 것입니다. 부모가 시키는 대로 하다 보니 부모에게 의존하게 될 수밖에 없어 독립심도 잘 길러지지 않습니다. 단독으로 도전하고 성취를 이루어 갈 기회가 적다 보니 자신감까지도 부족할 수 있습니다.

친구관계에서도 주저함이 많아 리더십이 발휘되기 어렵고 그러다보니 사회적 관계에서 불안감을 느끼는 경우가 많습니다. 그렇지만 이 상태에 고착되는 것은 아닙니다. 엄마의 그림자 속에 있던 찰스는 친구와의 만남을 통해 조금씩 자율성을 회복해갑니다. 주머니 속 손에서, 장갑을 낀 손으로, 그리고 마침내 장갑을 벗은 맨손으로 변화되어가듯이 그 여정은 조용하지만 뚜렷합니다. 독재형 부모에게서 자란 아이도 외부와의 긍정적인 관계를 통해 건강하게 자라갈 수 있습니다.

스머지 이야기
- 밝고 긍정적인 아이의 세상

마지막 주인공인 스머지 이야기입니다. 스머지의 공원은 예쁜 가로등과 각종 과일나무로 가득합니다. 화려하고 강렬한 색감과 유쾌한 상상으로 채워진 공원이 스머지가 얼마나 명랑한 아이인지를 잘 드러냅니다. 스머지의 계절은 청량한 여름입니다.

스머지네의 개 알버트는 목줄을 풀자마자 곧장 빅토리아에게 달려갔습니다. 늘 그렇듯이 알버트는 공원에서 만나는 개들과 뛰어다녔는데 오늘은 그 상대가 빅토리아인가 봅니다. 스머지는 신나게 뛰어다니는 알버트가 새삼스럽지도 않았고 빅토리아가 예쁜 개라고 생각했습니다. 그런데 개 주인은 그렇지 않은가 봅니다. 빨간 중산모가 튀어 오를 정도로 화를 내는 개 주인이 오히려 의아한 스머지입니다. 원래 공원은 이렇게 다 같이 즐기는 곳인데 말입니다.

스머지는 옆에 앉은 찰스를 보았습니다. 찰스는 외투 주머니에 두 손을 깊숙이 넣고 엄마 옆에 얌전히 앉아 있었습니다. 그 뒤로 보이는 배경의 나무들이 먹음직스러운 과일들입니다. 스머지의 세계를 알려주는 것 같지요? 알버트가 빅토리아에게 달려간 것처럼 스머지도 찰스에게 먼저 말을 걸었고, 둘은 함께 시소를 타며 놀았습니다. 시소를 타고 하늘 위로 올라간 스머지는 밝고 신나는 표정입니다. 빨간 가로등과 웃고 있는 나무들까지 스머지의 미소와 어우러져 활기를 더해줍니다. 시소 아래에 조금은 무겁게 앉아 있는 찰스가 소망하는 모습인지도 모르겠습니다. 스머지의 쾌활한 기운이 찰스에게도 전해질까요?

찰스와 스머지는 공원의 여기저기를 다니며 놀았습니다. 분수대도 가고 야외무대에서도 놀았습니다. 장난기 가득한 아이들의 즐거움을 담아내듯 배경의 나무와 분수대, 야외무대는 알록달록하기 그지없습니다. 앤서니 브라운의 다른 작품에 나오는 걱정인형의 색깔과 꼭 닮았습니다. 걱정을 걱정인형에게 다 맡기고 마냥 행복한 아이들의 마음을 표현할 것일까요? 아니면 아이들의 놀이가 이리 밝고 예쁜 색깔로 빚어지는 세상이라는 것일까요? 무엇이 되었든 아이들은 이런 세상을 살고 경험해야 정말 아이다워지는 것이 아닐까 하는 생각이 들었습니다.

그런데 야외무대의 안과 밖이 조금 다릅니다. 야외무대 밖의 하늘은 별과 달이 반짝이는 밤이지만, 야외무대 속의 하늘은 밝은 낮입니다. 공존할 수 없는 것도 공존하게 만드는 변화무쌍하고 무한히 열려 있는 아이들의 세계가 바로 이런 것일까요? 초현실주의의 발랄한 상상이 더해진 스머지의 세계에서 찰스도 즐겁고 보는 이도 덩달아 신이 나는 장면입니다. 우연히 만났지만 곧 친구가 된 찰스와 스머지의 우정을 축복하듯 온화한 금색 빛의 스포트라이트가 두 아이를 감싸고 있습니다.

즐거운 시간도 잠시, 이제 찰스는 엄마를 따라 집으로 갑니다. 서운한 표정으로 뒤돌아보는 찰스의 손이 다시 외투 주머니 속에 들어가 있습니다. 찰스가 이전의 모습으로 돌아가는 순간입니다. 찰스의 팔을 감싸안은 엄마의 장갑 낀 손이 더 단단하게 느껴집니다. 이 짧은 시간에 아이들이 얼마나 유쾌하고 행복한 시간을 보냈는지 어른들이 알 수 있을까요? 접촉의 빈도나 시간의 양에 상관없이 아이들만의 호흡이 있다는 것을 먼저 살펴주는 어른들, 내 생각이 대단히 일방적이고 위험천만한 오해일 수 있다는 여지를 열어주는 어른들이면 좋겠습니다.

공원을 나서는 찰스의 앞으로 바닥이 고르지 못한 길이 보이고 그 뒤로 커다란 집이 보입니다. 다시 찾아온 찰스의 외로움이 잘 드러나는 장면입니다. 그런 찰스를 염려하는 스머지의 마음일까요? 찰스를 배웅하는 스머지의 눈에 찰스 엄마의 빨간 중산모가 다시금 들어옵니다. 그럼에도 공원으로 올 때와 비교하면 찰스의 상태가 많이 달라진 것처럼 보입니다. 공원으로 올 때는 엄마에게 가려 찰스가 거의 보이지도 않았지만 집으로 돌아가는 지금, 스머지의 눈에는 찰스의 몸이 다 보입니다. 스머지의 공원에서 찰스는 이런 모습인 것입니다.

민주적 양육 태도가 키워낸
아이의 특성

스머지는 집에 돌아와서 찰스가 꺾어 준 꽃을 컵에 꽂았습니다. 그리고는 그것을 아빠에게 선물했습니다. 스머지는 아빠를 위로할 줄 알고, 친구를 배려할 줄 아는 아이입니다. '민주적 양육 방식'은 이런 아이를 길러냅니다. 독립적이면서도 부모에게 협조적이고 부모의 형편이나 입장을 헤아립니다. 이런 부모와 자녀는 정서적으로 편안하고 안정된 관계를 만들어갑니다. 자연스럽게 외부 세상에 대해서도 긍정적인 시각을 가지게 되고 친사회적인 행동으로 이어집니다.

이 작품에서 공원은 단지 장소가 아닙니다. 내면을 반영하는 거울입니다. 찰스 엄마의 공원은 경계와 위험이고, 찰스의 공원은 외로움에서 변화이며, 스머지 아빠의 공원은 실의에서 회복이고, 스머지의 공원은 다정하고 자유롭습니다. 그리고 이 다정한 자유로움이 주변을 환하게 밝히는 힘이 됩니다.

스머지가 찰스로부터 받은 꽃은 위로라는 꽃말을 가진 빨간 양귀비꽃입니다. 이 꽃말이 이렇게 감동적으로 와닿는 시점이 있을까요? 외로웠던 찰스는 스머지로부터 위로를 받았고 찰스는 이를 다시 스머지에게 돌려주었으며 그것은 걱정 많던 스머지 아빠에게까지 흘러갔습니다. 빨간 양귀비꽃은 마음을 나누는 모든 사람에게 따뜻한 응답이 되었습니다. 누군가의 아픈 마음을 낫게 하는 데 꼭 필요한 것, 바로 위로입니다. 위로는 말보다 깊은 사랑의 표현입니다.

나의 양육 방식을
다시 돌아보며

부모교육을 가면 한 번은 양육유형에 관한 검사를 하게 됩니다. 뚜렷하게 그 유형이 드러나는 부모도 있지만, 여러 가지 방식이 뒤섞여 나타나는 경우도 많습니다. 부모의 유형을 점검하고 나면 과제를 냅니다. 아이들도 그렇게 생각하는지 확인하고 오는 과제입니다. 그런데 다음 시간에 만나면 부모들의 얘기가 많이 달라집니다. 특히 민주적이라고 생각했던 부모님들에게서 여러 얘기들이 나옵니다. 평소에 얘기를 많이 나누니까, 평소에 아이 얘기를 귀담아 들으려고 했으니까, 공감해주려고 노력했으니까 등 스스로가 민주형 부모라고 생각할 이유는 많았습니다.

그러나 아이의 얘기를 들어보면 다릅니다. 많이 나누었던 얘기는 부모의 기대였거나 교훈적인 얘기였고 귀담아듣고 아이를 이해한 것이 아니라 들은 얘기를 바탕으로 아이를 판단한 적이 많았습니다. 공감하는 듯했으나 "그랬구나"만 반복하며 거기에서 더 나아가지 못해 진짜 공감을 해주지 못했습니다. 그러면서 그것이 얼마나 자신만의 착각이었는지 알게 됩니다. 자신의 생각과 실제 행동과는 차이가 있습니다. 민주적인 부모라는 믿음이 아이에게 전혀 다르게 느껴질 수 있습니다. 내가 좋은 부모인지 말해줄 사람은 바로 내 아이입니다. 진짜 점검은 부모가 아니라 아이의 마음속에 있습니다. 제가 교육이나 상담에서 "아이도 정말 그러한지 물어보세요"라는 말을 자주 하는 이유가 바로 이것입니다.

양육유형에 대한 얘기를 하다 보면 또 하나의 공통적인 고민이 등장합니다. 어디까지 받아주어야 하는지 기준이 혼란스럽다는 것입니다. 이것은 가르칠 때와 받아주어야 할 때의 구분과 관련된 문제입니다. 그럴 때 생각해야 하는 것은 얘기를 할 때 부모가 아이가 보여주는 태도와 아이가 하소연하는 내용을 구분하고 있는가 하는 것입니다. 대개 태도와 내용을 함께 살펴보면 어떻게 해야 할지 가늠이 됩니다. 문제시되는 태도나 행동은 용납할 수 없지만 내용이나 감정은 수용하려고 한다면, 어떻게 받아주고 무엇을 가르쳐야 할지 알게 됩니다.

양육 방식에는 찰스 엄마나 스머지 아빠가 보여주는 방식 외에도 '방임형(허용형) 방식'이 있습니다. 아이에 대해 아예 관심이 없거나 아니면 아이를 기쁘게 해주기 위해 혹은 아이의 기를 살려주기 위해 아이가 원하는 모든 것을 해주려고 하는 유형입니다. 가능한 모든 자유를 아이에게 주면서 아이의 뜻에 쉽게 양보하고 훈육하는 일은 거의 없어 부모의 권위가 잘 세워지지 않습니다. 그러다 보니 부모가 아이에게 사정을 해야 하는 경우도 많이 일어납니다. 부모가 일관성이 없기 때문에 아이에게 끌려가는 경우도 많습니다. 아이는 요구하는 것이 자연스럽고 부모의 수고를 당연하게 여기며 감사하는 법을 배우지 못합니다. 아이는 아이대로 자기 훈련이나 통제 능력이 부족해져서 모든 일들이 자기 마음대로 되고 있는데도 아이러니하게도 그 내면은 불안정한 경우가 많습니다.

부모 외에도
아이를 키우는 힘

양육방식 하나로 아이의 모든 것이 결정되지는 않습니다. 아이의 성장은 가족, 환경, 교육 등 다양한 자원이 함께 어우러질 때 더 건강하게 이루어집니다. 스머지처럼 좋은 친구가, 유능한 선배가, 훌륭한 선생님이, 전혀 예기치 못한 상황 등 이 모든 것들이 화학작용을 일으켜 영향을 미칩니다.

부모가 자신들의 양육방식을 돌이켜보고 건강한 방식을 지향하는 것도 필요하지만, 이외에 다른 일들이 주는 영향력에 대해 가능성을 열어두고 마음의 여유를 가지면 좋을 것입니다. 작품 여기저기에 담겨 있는 희망의 상징은 바로 이런 점을 잘 보여줍니다.

고민 해결사 펭귄 선생님

강경수 글·그림 | 시공주니어

듣기로 시작하는 부모 언어

"부모에게 가장 필요한 덕목은 무엇일까요?"

부모들로부터 종종 받는 질문입니다. 본시 덕목이라는 것이 뭐 하나 버릴 게 없는지라 선뜻 답하기가 쉽지 않았는데요. 그렇게 머뭇거리던 제가 어느 순간부터 '존중과 인내'라는 답을 내놓기 시작했습니다. 상담에서 만났던 부모들과 아이들의 이야기를 들으며, 그리고 점점 자신만의 색깔을 보여주는 제 아이를 키우며 자연스레 배우게 된 것인지도 모르겠습니다. 지나온 시간들을 다시 돌이켜봐도 부모에게 있어 자녀를 존중하는 마음, 이를 기초 삼아 꾸준히 기다려주는 일! 이것들과 비견될 만한 가치가 있을까 싶습니다.

'존중과 인내'라는 답을 꺼내놓으니 또 다음 질문이 기다립니다. "그러면 어떻게 해야 존중하고 인내할 수 있나요? 그냥 무조건 참으면 되나요?" 여러 방법들 중에서 제가 강조하는 것은 '경청'입니다. 경청은 존중과 인내의 실천입니다. 아이의 말에 귀 기울이는 일은 곧 그 존재를 존중한다는 신호입니다. 잘 듣는다는 것은 가르치기보다 기다리는 일이며, 해결적 반응보다 공감적 반응이 우선되는 태도입니다.

이 책을 처음 만났을 때 경청이라는 주제를 깔끔하게 풀어가는 흐름에 감탄했던 기억이 납니다. 장면들이 이어질수록 펭귄 선생님의 조용한 하루 속에 담긴, 듣는 일의 위로와 그 힘을 알게 됩니다.

표지를 보면 펭귄 상담사라는 명패와 함께 상담실 책상에 앉아 있는 펭귄 선생님이 보입니다. 그 뒤로 보이는 책장에는 『코스모』라는 책이 눈에 띄고, 세계 여러 곳을 떠올리게 하는 장식품들도 보입니다. 뭔가 범상치 않은 듯한 분위기를 느끼며 펭귄 선생님과 이곳이 궁금해지는 순간입니다. 면지도 참 재미있는데요. 본문 중에 펭귄 선생님이 주로 보여주는 네 가지 동작들이 있습니다. 책을 읽기 전인 앞면지에서는 '이건 뭘까?' 궁금해지고, 책을 읽고 난 후 뒷면지에 가면 '아, 이건 이거였지?' 하며 동작의 의미를 되짚어보는 재미가 쏠쏠합니다.

흥미롭게도 이 작품은 프롤로그로부터 시작합니다.

'내일은 펭귄 선생님께 가봐야겠어.'

밤은 점점 깊어지는데 아직 잠들지 못하고 있는 개구리

가 피곤한 눈으로 창밖을 보며 말했습니다. 모두가 잠든 밤에 나 홀로 잠 못 들고 있는 고통이 어떤 것인지 약간이라도 경험이 있다면 충분히 짐작이 가지요? 지금 개구리가 딱 이런 지경입니다. 이렇게 밤잠을 설칠 정도로 개구리를 힘들게 하는 고민은 무엇일까요?

프롤로그를 지나면 속표지가 등장합니다. 고민의 무게감을 상징하듯 하늘 전체에 짙은 어둠이 잔뜩 깔린 것이 마치 한 편의 스펙터클한 영화가 시작될 것만 같습니다. 이런 중에도 어둠을 압도하듯 공중에 커다랗게 펼쳐진 '고민 해결사 펭귄 선생님'이라는 글자는 밝은 달빛과 힘을 합쳐 고민 따위는 멀리멀리 날려 보내줄 것만 같습니다. 과연 그러할지 이제 본격적으로 펭귄 선생님을 만나러 가보겠습니다.

동물들의 고민
- 그들의 진심에 귀 기울이다

이 마을에는 고민 해결사 펭귄 선생님이 있습니다. 아직 조용한 시간, 펭귄 선생님이 자동차를 타고 출근을 하고 있네요. 선생님의 상담소는 마을 어디서도 쉽게 보이는 언덕 위에 위치하고 있습니다. 선생님 얼굴이 담긴 간판까지 있어 여기는 누가 보더라도, 어디서 보더라도 펭귄 선생님의 상담소입니다.

때-앵 오전 10시, 상담소가 문을 여는 시간입니다. 이미

밖에는 여러 동물들이 줄을 서서 기다리는 중입니다. 밤새 잠을 이루지 못한 개구리가 일등입니다. 상담을 시작한다는 펭귄 선생님의 말에 개구리는 얼른 상담실로 들어갔습니다. 편안해 보이는 카우치에 길게 몸을 뻗은 개구리는 한참 동안 고민을 이야기했습니다. 한 손으로 턱을 괸 채 여전히 피곤한 눈으로 말입니다.

"겨울이 다가오면 나도 모르게 잠이 쏟아져요. 설마 병일까요?"

앗! 이게 고민이라니, 원래 개구리는 겨울잠을 자야 되는 동물인데…. 개구리의 고민이 어이가 없어 저도 모르게 그만 헛웃음이 나와버렸지요. 이런 저와는 달리 펭귄 선생님은 옆에 앉아 간간이 메모도 하면서 개구리의 얘기를 들었습니다. 10시에 들어온 개구리는 12시가 다 되어서야 상담실을 나섰습니다. 명랑한 웃음소리와 함께 말이지요.

두 번째 동물은 단정하게 양복을 차려입은 악어입니다. 악어 역시 긴 카우치에 누워서는 양손을 가지런히 모은 채 한참 동안 고민을 얘기했습니다.

"제 이빨이 너무 많은 건 아닐까 항상 고민입니다."

악어가 자신의 이빨에 대한 고민을 하다니요! 악어에게

이빨이 없으면 어떻게 되는 거지요? 다른 이가 들으면 어처구니없는 고민일 수 있지만, 작가는 다른 사람의 고민을 타인이 쉽게 재단할 수 없다는 듯 '항상'을 강조해 당사자의 고통을 부각하고 있습니다. 저는 이런 작은 듯 작지 않은 배려가 무척 와닿았습니다. 펭귄 선생님은 팔짱을 끼고 깊은 생각에 잠긴 표정으로 악어 옆에 앉아 귀를 기울였습니다. 심각한 표정으로 들어왔던 악어는 1시 반쯤 가벼운 웃음소리를 내며 만족스러운 표정으로 상담실을 나갔습니다.

세 번째로 카멜레온이 들어왔습니다. 깜찍한 빨강 부츠를 신고 온 카멜레온은 카우치에 눕자마자 한참 동안 고민을 얘기했습니다. 팔을 걷어붙이고 머리에서 김을 뿜어내는 카멜레온을 보니 보통 고민이 아닌 것 같은데, 개구리나 악어와는 좀 다르려나요?

"기분에 따라 얼굴색이 바뀌어서 사회생활이 불편해요!"

혹시나 했지만 역시나입니다. 얼굴색이 바뀌지 않으면 카멜레온이라고 볼 수 있나요? 고민을 이야기하는 동안에도 얼굴색이 변할 정도인데 무슨 말이 필요하겠어요. 그렇지만 펭귄 선생님은 쭉 해왔던 것처럼 카멜레온의 얘기를 들었습니다. 턱을 괸 채 차분하게 듣고 있는 펭귄 선생님과 격양되어 얘기하는 카멜레온이 묘하게 대조적입니다. 흥분해 들어왔던 카멜레온은 2시 반쯤 기분 좋은 표정으로 호호거리며 상담실을 떠났습니다.

네 번째로 원숭이가 상담을 받으러 들어왔습니다. 원숭이는 한 치의 틈도 허용하지 않겠다는 듯 점퍼의 지퍼를 목 끝까지 올리고 두 손을 점퍼 주머니에 깊숙이 찔러 넣으며 카우치에 누워 한참 동안 고민을 얘기했습니다. 모자까지 깊숙이 눌러썼으니 얼굴만 겨우 보입니다. 원숭이는 어떤 고민이 있는 것일까요?

"가끔씩 나무에서 떨어지는 악몽을 꾸곤 해요."

나무타기 하면 원숭이를 따라갈 자가 없고 아무리 잘하는 일이라도 실수할 수 있는데, 자신에게 너무 여유를 주지 않는 것 같아 마음 한편이 짠해집니다. 그러면서도 막상 고민을 듣고 보니 이 빠진 동그라미 모자 장식이 다시 보입니다. 동그라미가 잃어버린 조각을 찾아 완전하게 둥근 동그라미가 되고자 한 것처럼 원숭이도 완벽을 꿈꾸는 것일까요? 펭귄 선생님은 조금씩 목을 축여가며 조용히 원숭이의 얘기를 들었습니다. 시종일관 무뚝뚝한 표정이었던 원숭이는 5시가 되기 5분 전에 룰루랄라 하며 상담실을 나갔습니다.

마지막으로 갈색곰이 들어왔습니다. 곰은 역시 몸집이 육중하네요. 상담실의 카우치가 비좁아 보일 정도입니다. 곰은 커다란 입을 열어 한참 동안 고민을 이야기했습니다. 우람한 몸에 비하면 앙증맞게 보일 정도이지만 곰은 앞발까지 써가며 자신의 괴로움을 털어놓았습니다. 이렇게까지 곰의 속을 태우는 염려는 과연 무엇일까요?

"연어가 이제는 지겨워요. 혹시 저 무슨 문제가 있는 걸까요?"

곰이 연어를 지겨워하다니요! 좋아하기도 하지만 월동 준비를 위한 중요한 식량이잖아요? 이러면 갈색곰이 아니죠! 그런데 이 장면에서 눈에 들어온 것은 곰의 티셔츠에 그려진 '사랑합니다'라는 수어였습니다. 연어에 대한 사랑과 연어가 지겹다는 마음을 연결하는 위트와 아이러니가 절묘하게 어우러져 감탄이 절로 나왔습니다. 곰은 정말 연어를 지겨워하는 것일까요? 곰의 덩치에 가려 겨우 얼굴만 보이지만 펭귄 선생님의 집중한 표정은 여느 때와 다름없었습니다. 5시 40분이 다 되어서야 곰은 미소로 휘어진 눈꼬리를 남기며 상담실을 나갔습니다.

펭귄 선생님에게 고민을 쏟아낸 동물들은 기분이 훨씬 좋아졌습니다. 곰은 기분이 날아갈 것 같아 저녁에 연어를 먹기로 했고, 악어는 펭귄 선생님 덕분에 모든 문제가 해결되었다며 이빨이 다 보일 정도로 크게 웃었습니다. 원숭이와 개구리와 카멜레온도 펭귄 선생님이 있어 다행이라며 기뻐했습니

다. 펭귄 선생님은 신이 나서 계단을 뛰어 내려가는 동물들을
흐뭇하게 바라보았습니다.

고민이란 진심으로 들어줄
사람을 바라는 마음

사람들은 대부분 자신의 얘기를 들
어주기를 원합니다. 특히 마음이 어렵거나 힘들 때는 더욱 그
렇습니다. 작가는 여기에 주목했을까요? 고민을 이렇게 정의
했습니다. "고민이란 진심으로 이야기를 들어줄 상대가 필요
한 법!" 그리고 펭귄 선생님은 이 사실을 잘 알고 있었기에 동
물들의 고민을 경청했다고 말합니다.

펭귄 선생님의 모습은 고민의 내용에 상관없이 경청에
어떤 덕목이 필요한지를 잘 보여줍니다. 바로 '존중'입니다.
모든 사람이 그 자체로 존엄하듯 존중 역시 그렇습니다. 그러
므로 아이에 대한 존중은 아이의 노력과는 무관합니다. 이런
행동을 했으니 존중하고, 이만큼 했으니 그만큼 존중받는 것
은 아니라는 뜻입니다. 아이의 어떤 행동이나 애씀이 존중의
조건이 될 수는 없습니다. 존중하면 귀를 기울이게 됩니다. 마
치 모든 것을 다 아는 듯한 입장에서 접근하지 않을 것입니다.
고민을 분석하거나 평가하면서 어쭙잖은 해결책으로 마무리
하지 않을 것입니다. 이렇게 하면 된다며 특정 해결책을 강요
하지도 않을 것입니다. 오히려 진실한 관심으로 그 고민 속에

함께 머무를 것입니다. 이해의 마음으로 그 사람에게 집중할 것입니다. 그래서 얼핏 보면 조용해 보이지만 실제적으로는 매우 역동적인 행동이 존중을 간직한 경청입니다.

사실 개구리, 악어, 카멜레온, 원숭이, 곰 등 동물들이 털어놓은 고민은 모두 자기 존재에 대한 깊은 질문이자 인정받고 싶은 마음입니다. 성장해가는 과정에서 아이들이 하는 고민도 비슷합니다. 자신이 가진 고유성 덕분에 자기 자신이 되어가는 중에 있음에도 아직 스스로를 알지 못해서, 부모에게 인정받고 싶어서, 모자란 내가 되고 싶지 않아서 균형을 깨뜨리기도 하고 때로는 자신의 본질조차 외면하기도 합니다. 이래서 고민이 생깁니다.

아이의 "고민이 있어요"라는 말은 '엄마아빠, 내 얘기를 들어줄 사람이 필요해요. 엄마아빠가 그 사람이 되어주세요'라는 메시지입니다. 아이들의 고민을 알기 위해서는 설명하고 훈계하기 전에 아이가 스스로를 말할 수 있도록 도와주는 질문과 기다림이 필요합니다. 좋은 질문은 좋은 대화보다 먼저 시작됩니다. 잘 들어야 공감할 수 있고, 잘 들어야 말을 넘어서 행동으로 이어질 수 있습니다.

아이는 부모가 들어주는 것에 기대어 고민의 시기를 헤쳐나갑니다. 자책으로 빠지지 않고 자기의 가치를 확인하는 기회를 얻습니다. 편안하고 안전하게 나의 이야기를 할 수 있는 곳, 부모가 아이들에게 이런 곳이 되면 좋겠습니다. 부모가 진심으로 들어줄 때 비로소 아이는 진심으로 부모를 의지하게 됩니다. 아이의 어떤 고민도 하찮지 않습니다. 아이의 고민은 '진짜 나'에 가까워지고 싶다는 의미이며, 부모의 진심을 바라는 신호입니다. 아이는 그저 건강한 마음을 가진 한 사람으로 자라가고 싶은 것뿐입니다.

잘 듣는 부모는
오래 기다린다

"열심히 들으려고 하는데 아이의 반응은 생각했던 것과는 많이 다릅니다."

"경청해봤는데 별로 효과가 없어요."

"나도 얘기가 듣고 싶어서 말을 시켜보는데… 애들이 얘기를 안 합니다."

교육이나 상담현장에서 경청 얘기를 하면 부모들은 이런 새로운 고민거리를 금방 꺼내놓습니다. 어쩌면 이것이 부모의 솔직한 고충일 것입니다. 아마 부모들도 이미 듣기의 중요성을 알고 있고 또 그만큼 잘하고 싶은데, 생각대로 잘되지 않는 실상에 당혹스러울 때가 많겠지요. 이럴 때 제가 하는 질문은 "어떻게, 얼마나?"입니다.

경청은 단숨에 끝나는 기술이 아니라 관계 속에서 자라나는 인내입니다. 그래서 내가 경청하겠다고 해서 아이들이 감동하며 곧 호응할 것이라 기대하는 것은 매우 성급한 접근입니다. 아이들은 오히려 의심스러운 눈초리로 상황을 살피든지, "갑자기 왜 그래요? 그냥 평소대로 하세요" 등으로 반응합니다. 이런 방어적인 반응이 반복되면 부모들은 경청을 포기하기 쉽습니다.

이 시점에서 필요한 것이 '인내'라는 덕목입니다. 참을성을 가지고 한결같이 끌고 나가야 하는 것이 경청이기 때문입니다. 여기에는 당장 그게 아니라고 말하고 싶은 욕구를 참는 것에서부터 분주한 일을 잠시 미루고 시간을 내는 것, 머릿속에 떠오르는 해결책과 수많은 말을 절제하는 희생에 이르기까지 안으로 감내해야 하는 수고가 있습니다. 처음에는 서투르더라도 시간이 흐르면 부모도 아이도 이 수고 안에서 자라게 됩니다.

아이들은 갑작스러운 변화보다 일관된 기다림을 통해 부모의 진심을 확인합니다. 그래서 듣는다는 것은 '기다려주는 힘'입니다. 경청이 자리를 잡아가는 여정은 부모가 생각하는 것과는 다를 수 있습니다. 예상보다 훨씬 더 긴 시간이 필요할 수도 있고 순식간에 정착될 수도 있습니다. 아이와 어른의 시간체계는 다르게 흘러가니까요.

듣는 부모는
장벽을 허문다

각 상담 장면을 조금 더 들여다보면

동물들이 바뀔 때마다 상담실 미니 테이블 액자의 알파벳도 바뀐다는 것을 알 수 있습니다. 이 글자들을 이으면 Cos MO 라는 단어가 됩니다. 상담실 책장의 책도, 상담실 벽의 액자도 역시 Cos MO입니다. Cos MO, 코스모폴리탄(Cosmopolitan)의 줄임말로 지역이나 나라, 민족 같은 경계를 넘어 범세계적인 것을 추구한다는 의미지요.

펭귄 선생님의 상담실에 자리하고 있는 이 개념을 곰곰 생각하면서 선생님의 상담실은 모두에게 열린 공간이라는 생각이 들었습니다. 그곳에서 모든 존재는 존중받습니다. 소외되거나 배제되지 않습니다. 경청에서 필요한 것은 펭귄 선생님의 상담실 같은 경계나 선입견이 없는 태도가 아닐까요? 진작 내 속에 자리 잡고 있는 경험, 지식, 판단 등이 오히려 걸림돌이 되고 있지는 않는지 돌아볼 필요가 있습니다.

'너는 어리니 어른인 내가 당연히 너보다 많이 안다. 그러니 내 말을 들어라. 나 좋자고 하는 게 아니다. 다 너를 위해서이다. 일단 이 일만 잘 끝내고 다시 얘기하자' 등등 상담 현장에서 자주 접하는 말들입니다. 분명 아이를 위한 마음에서 나온 말일 텐데, 전달되는 의미는 전혀 그렇지 못합니다. 어른과 아이라는 세대를 내세워, 나이를 내세워, 세상을 살아온 연륜을 내세워 그동안 만들어온 장벽을 다시 확인하게 되는 장면입니다.

아이가 고등학생이었을 때의 일입니다. 어느 주말, 식당에서 맛나게 식사를 하다가 문득 나온 이야기 끝에 저는 이 아이가 무슨 얘기를 더 하고 싶어 한다는 느낌이 들었습니다. 다음 일정을 조정하고 그 부분에 대해 좀 더 얘기해달라고 하자 비로소 아이는 하고 싶었던 얘기들을 하기 시작했습니다. 내용은 전혀 기억나지 않지만 대화를 마무리할 즈음, 아이의 마지막 말은 지금도 마음에 남아있습니다. "엄마, 친구들이 그러는데 부모님이 얘기를 잘 안 들어주신대요. ○○대학은 가야지, 공부해라, 숙제했냐, 학원 갈 시간이다, 시험성적은 나왔냐…. 그런 얘기만 한대요. 얘기를 들어주는 부모님이어서 좋아요"

아이가 좋게 해석해주니 다행이었지만 좋은 의도든 걱정이든 엄마의 마음이 자주 넘치는 탓에 해주고 싶은 얘기는 늘어나고, 들어주는 일에는 인색할 때가 많았던 제게 큰 경종을 울려준 사건이었습니다. 그 이후 아이와 얘기할 때는 문득문득 내가 듣고 있나? 자문하는 저를 발견할 때가 많습니다. 이후 일정이 신경 쓰여 대화를 다음으로 미루었더라면, 조급함이 앞서 해결책을 먼저 제시했더라면, 아이의 고민을 인정하기보다는 그때는 다 그래라고 일반화하면서 내 경험의 장벽을 세웠더라면… 그랬다면 어떻게 되었을까… 생각만 해도 아찔합니다.

대개 부모는 마음이 급합니다. 즉각적인 대답을 주고 싶고, 문제가 바로 해결되었으면 좋겠고, 무엇보다 아이를 괴로움 속에서 재빨리 빠져나오게 하고 싶습니다. 그래서 해주고 싶은 말이 많습니다. 그러나 지혜로운 부모는 침묵으로도 아이를 안심시킵니다. 호흡을 고르고 '내가 있다, 네 얘기를 들을게'라는 태도가 부모의 따뜻함을 전달하고 아이를 안도하게 합니다.

펭귄 선생님은 마지막 내담자였던 곰이 상담실을 나갈 때, 잘 가라는 인사를 합니다. 나직하게 건넨 이 말이 그의 첫 말이자 마지막 말입니다. 상담자로서 해주고 싶은 말이 많았을 텐데, 펭귄 선생님은 그들에게 말보다 더 필요한 것이 무엇인지 알았던 것입니다. 부모가 배워야 할 모습이지요. 그리고 부모는 알고 있어야 합니다. 아이에게 더 중요한 것은 부모의 '답'보다 부모의 '곁'이라는 것을!

펭귄 선생님의
유쾌한 비법, 뽁!

때-앵 오후 6시, 마침내 퇴근시간! 펭귄 선생님의 수고한 하루를 보여주듯 말끔했던 책상은 어느새 여기저기 흩어진 컵, 휴지 조각, 필기도구들로 너저분합니다. 벽에 반듯이 걸려 있던 액자까지도 비뚤어졌네요. 출근할 때만 해도 단정했던 펭귄 선생님의 모습 역시 초췌하기 그지없습니다. 잘 듣는다는 것은 수고가 따르는 힘든 일이 분명하다는 걸 얄짤없이 보여주는 것 같아 왠지 결연한 다짐이라도 해야 할 것 같은 느낌인데, 펭귄 선생님의 행동이 어딘가 이상합니다.

'뽁… 뽁.'

펭귄 선생님은 양쪽 귀에서 귀마개를 뽑았습니다. 처음 이 장면을 마주했을 때 저는 순간 어안이 벙벙해졌지만, 곧 작가의 재치 있는 반전 마무리에 한참을 박장대소할 수밖에 없었습니다. 펭귄 선생님의 경청 비법은 귀마개였던 것입니다. 얼마나 유쾌한 비법인지요! 적당히 듣고 적당히 놓치는 상태, 경청을 고민하는 부모에게 요구되는 것은 바로 이런 것일까요? 귀마개를 뽑는 이 장면은 듣기에도 여백이 필요하다는 상징적인 메시지를 전해줍니다.

이 그림책의 마지막 장면은 보람찬 하루를 보낸 펭귄 선생님이 퇴근하여 집으로 돌아가는 모습이지만, 사실 이야기는 뒷표지까지 이어지고 있습니다. 작가는 뿌듯하고 만족스러운 하루를 보낸 펭귄 선생님이 어떻게 휴식을 누리는지를 살짝 보태놓았습니다. 귀여운 양머리 수건을 쓴 채 여러 식물들로 둘러싸인 욕조에서 하루의 피로를 날려버리는 펭귄 선생님! 알록달록 선명한 색감이 화사하면서도 이국적인 분위기를 연출하는 것으로 보아 이 시간은 펭귄 선생님에게 매우 행복한 시간인 모양입니다. 상담실에서도 다양한 식물이 안정감을 주었는데 여기서도 마찬가지입니다. 저는 이 뒷표지가 꽤 마음에 들었는데요. 일하는 공간인 상담실을 묘사한 앞표지와 대비되면서 '일과 휴식의 균형을 기억하라'는 펭귄 선생님의 숨겨진 처방 같았거든요.

그림책을 덮기 전에 펭귄 선생님의 상담소가 다시 떠올랐습니다. 멀리 있어도 한눈에 보이는 펭귄 선생님의 상담소처럼 부모도 이런 존재가 되면 좋겠다는 생각이 들었습니다. 혼날까, 잔소리 들을까, 설교 들을까 무서워 피해 다니다가 어쩔 수 없이 맞닥뜨리게 되는 존재가 아니라 슬프고 힘들 때 주저 없이 달려갈 수 있는 존재 말입니다. 아이에게 필요한 것은 언제든 돌아와 기대 쉴 수 있는 '한 사람'입니다. 부모가 그 사람이면 좋겠습니다. 고민을 안고 돌아올 수 있는 집, 이것이 부모의 자리입니다.

4장

가족의 상실, 그리고 가족 레질리언스

코코, 네 잘못이 아니야

비키 랜스키 글·제인 프린스 그림,
이경미 옮김 | 친구미디어

이혼, 함께였으나 이제는 비어 있는 곳

'이혼 가정의 부모와 아이가 함께 읽는 책'이라는 부제가 붙은 이 책은 부모의 이혼으로 인해 아이가 겪을 수 있는 혼란과 복잡한 마음을 차분하게 잘 짚어낸 작품입니다. 동시에 이혼 상황에서 부모가 아이를 어떻게 대해야 하는지에 대해서도 한결 편안하게 풀어내고 있습니다. 삶의 기반이 송두리째 흔들리는 위기 앞에서 아이의 마음과 부모의 번민을 이리 흔들림 없이 끌어가는 것을 보면, 두 자녀를 데리고 이혼을 선택한 작가가 자신이 맞닥뜨린 고민들과 얼마나 치열하게 씨름하였을지 짐작이 갑니다.

심리학자 홈스(Holmes)와 라헤(Rahe)가 제안한 가족 스트레스 진단표에 의하면 이혼은 배우자의 죽음 다음으로 큰 스트레스에 해당하는 매우 중요한 생활 사건입니다. 그만큼 당사자의 고통이 크다는 뜻이기도 하고 몹시 혼란스럽고 복잡한 상황을 만나게 된다는 의미이기도 합니다. 결혼 관계에 있을 때는 전혀 문제되지 않았던 것들이 이혼과 함께 수면 위로 떠오르기 때문이지요. 이혼은 새로운 삶의 방식을 선택한다는 점에서 분명 또 하나의 기회이지만, 그럼에도 가족이 경험하는 상실 중 하나라는 측면에서는 슬프고 고통스러운 일입니다.

일반적으로 이혼은 하루아침에 일어나는 일은 아닙니다. 부부가 함께 사는 동안 여러 일들이 생기고 때로 어떤 일들은 안타깝게도 이혼으로 이끄는 지렛대가 되기도 하면서 조금씩 그 흐름이 만들어지게 됩니다. 갈등이 없는 부부는 없지만 사실 갈등 그 자체는 문제가 아닙니다. 진짜 문제는 갈등에 어떻게 대처하느냐이지요. 적절하게 대처하지 못하면 마음의 상처는 커지고, 서로에 대한 애정이나 신뢰보다는 실망과 좌절감이 자라나게 됩니다. 이것은 결혼 생활이 갈등 단계에 들어섰다는 것을 의미합니다. 이런 패턴이 반복되면 부부는 점점 지치게 되고 아무리 애써도 잘되지 않을 것 같은 깊은 절망감이나 무력감, 서로를 향한 적대감, 분노 같은 감정이 은밀하게 관계를 잠식해갑니다. 그러다 마침내 진지하게 이혼을 고려하게 되고 이것을 상징적으로 보여주는 것이 바로 따로 떨어져 살기 즉, 별거입니다. 관계의 틈이 서서히 깊어지다가 어느새 삶이 바뀌어지는 것입니다.

이혼은 사건이 아니라
과정이다

모든 별거가 이혼으로 귀결되는 것
은 아닙니다. 어떤 부부는 빨리 화해하기도 하고, 어떤 부부는
간간이 만나며 별거인 듯 아닌 듯 지내기도 하고, 어떤 부부는
별거와 합가를 반복하기도 하고, 어떤 부부는 장기 별거에 들
어가 결혼의 법적 형태만 유지하기도 합니다. 어떤 형태의 별
거든 부부 관계가 해체 단계에 접어들게 되었다는 것은 부인
할 수 없습니다. 부부는 이 단계에 계속 머물 수도 있고 법적
절차를 거쳐 결혼관계를 끝내는 이혼 완료 단계에 들어설 수
도 있습니다. 만약 이혼을 결혼한 부부가 계속 다투다가 한계
에 도달해 법적으로 헤어지는 것이라고 가정한다면 뭐가 이
리 장황한가 생각할 수도 있을 것입니다. 그렇지만 사실 이혼
은 그저 헤어진다는 단일적인 차원은 아닙니다. 이혼은 다차
원적인 특성을 가지고 있습니다. 법적 절차는 말할 것도 없고
심리적, 정서적, 사회경제적, 부모 역할까지 복잡하게 얽힌 삶
의 전환입니다. 그래서 이혼은 법원의 결정이 내려지는 그 순
간, 이혼의사확인서 같은 공적인 서류 한 장으로 확정되는 하
나의 사건(event)이 아니라 이미 오래 전부터 시작되는 복합
적인 과정(process)인 것입니다.

결혼 생활에서 언제 하나의 단계가 끝나고 또 다른 단계
가 언제 시작되는지 정확히 말하기는 어렵습니다. 하나의 단

계조차도 그 시작과 끝을 분명하게 밝혀내기란 쉽지 않습니다. 그렇지만 모든 과정은 서로 연결되어 있고 중복되어 나타납니다. 한 가지 분명한 것은 이 모든 흐름은 지난하게 흘러간다는 점입니다. 과정 하나하나는 헤아리기 힘든 혼란과 모순, 갈피조차 잡히지 않는 무수한 흔들림, 말할 수 없는 괴로움, 가슴 아픈 추스림의 연속입니다. 이혼의 옳고 그름에 대한 논쟁이 있지만, 당사자들이 감당해야 하는 고통은 누구도 쉬이 가늠할 수 없습니다.

이혼을 염두에 두거나 혹은 실제 이혼을 하면서 가장 염려하는 대상은 자녀일 것입니다. 가정 법원에서 꾸준히 이혼 상담을 하고 있지만, 아이와 관련된 상담은 거의 빠진 적이 없을 정도입니다. 당장 아이에게 이혼을 어떻게 얘기해야 하는지부터 지금 이야기하는 것이 맞는지, 이혼하는 이유는 어떻게 말해주어야 하는지, 면접교섭은 어떻게 해야 하는지, 학교에는 알려야 되는지, 아이의 심리적인 안정을 위해서는 어떻게 해야 하는지, 앞으로 아이를 어떻게 키워야 하는지 등 여러 질문들이 이어집니다. 걱정 어린 속내를 털어놓을 때마다 부부로서는 헤어지지만 부모로서는 어떻게든 최선을 다하려는 모습에 마음이 애달파지는 순간이 많습니다.

이 책의 제목에서도 보듯이 이혼은 결코 아이의 잘못이 아닙니다. 그럼에도 아이들은 상처를 받고, 부모는 아이 이름만 나와도 금세 눈이 젖어들며 말을 이어가지 못합니다. 작가

역시 부모의 이런 마음을 충분히 감지했나 봅니다. '이 책을 이렇게 읽어주세요'라는 당부의 편지를 시작으로, 책의 처음부터 마지막까지 부모를 돕는 중요한 조언들을 깨알같이 넣어놓았습니다. 제가 법원 상담뿐 아니라 다른 상담에서도 이혼 전후 비슷한 고민을 하는 내담자들에게 이 책을 자주 소개하는 까닭이기도 합니다.

아이에게 이혼을
말해야 할까?

표지를 보면 코코와 엄마가 거실창을 통해 아빠가 차에 짐을 싣고 있는 모습을 바라보고 있습니다. 코코의 어깨를 감싸안은 엄마의 표정도, 상자를 든 아빠의 표정도 침울하기만 합니다. 코코의 얼굴은 보이지 않지만 코코의 팔에 축 늘어져 있는 인형이 그 마음을 대변해주는 것 같습니다. 저는 거실 협탁에 놓여 있는 작은 가족사진에 눈길이 갔습니다. 마주한 이별 앞에서 단란한 가족의 모습이 그저 과거의 편린으로 박제되는 것 같아 안타까웠습니다.

코코 이야기의 처음은 이렇게 시작합니다.

어느 날, 코코는 엄마곰과 아빠곰으로부터 이혼 얘기를 들었습니다. 코코는 무슨 말인지 전혀 이해할 수 없었지요. 이혼이라는 단어는 코코에게는 너무 어려운 말이었습니다.

"이혼이 뭐죠?"

엄마곰이 이혼이란 어른들이 더는 같이 살지 말자고 결정하는 것이라고 대답합니다.

"그래서 한 사람이 집에서 나가는 거야."

제가 이혼 상담에서 만났던 부모들은 대개 공통적인 고민들이 있었습니다. 아이에게 꼭 말해주어야 할까, 만약 그렇게 해야 한다면 언제 이 얘기를 할까, 누가 어떻게 얘기해야 할까, 왜 이혼하는지 어디까지 얘기해야 할까 등의 것들입니다. 많은 부모들이 아이가 너무 어려 이해할 수 없을 것이라는 얘기를 많이 합니다. 자신이 얘기를 잘할 수 없을 것 같아서 본인 스스로가 준비되면 말해주겠다고도 합니다. 아이의 충격이 너무 클까 봐 걱정하며 얘기를 미루기도 합니다. 그래서 아이가 조금 더 클 때까지 기다리고 싶다고 합니다. 코코처럼 아이가 유치원에 다니고 있으면 초등학교 때로, 초등학생 자녀를 둔 부모들은 그래도 중학생은 되어야 하지 않겠냐며 가급적 그 시기를 늦추고 싶어 합니다. 개인마다 상황이 다 다르고 아이를 염려하는 것도 분명하지만 사실 그 속에 깊이 자리하고 있는 것은 부모 본인의 두려움입니다. 충격받는 아이를 붙들고 무슨 말을 어떻게 해야 할지 그려지지 않을뿐더러 이혼 이후 벌어질 여러 상황들을 제대로 감당하지 못할까 두려운 것입니다.

작가는 이런 복잡한 마음을 그림에 옮겨놓았습니다. 그림에는 코코 가족이 거실에 앉아 진지하게 얘기를 나누는 장면이 담겼습니다. 잔뜩 풀이 죽은 코코가 무릎을 감싸안은 채 등을 돌리고 있고, 엄마곰은 코코의 등을 부드럽게 어루만져주고 있습니다. 곁에서 코코를 바라보는 아빠곰의 표정에서 부모로서의 걱정과 아픔이 느껴집니다. 그렇습니다. 코코의 부모는 코코가 아직 어리긴 하지만 그에게 부모의 이혼을 말해주기로 결정한 것입니다.

아이에게 이혼 결정을 알려줄 것인지 말 것인지를 생각할 때 우선적으로 고려해야 하는 것은 무엇일까요? 많은 부모들이 염려하는 대로 아이의 나이일까요? 아니면 아이의 성별이나 성격 혹은 아이가 받을 영향일까요? 당연히 이런 부분들을 참작해야 하지만 무엇보다 앞서 헤아려봐야 하는 것은 아이가 부모를 인지하고 있는가입니다. 부모는 아이가 자라면서 이해력도 같이 자라나니 시기를 늦추면 상처를 덜 받지 않을까 생각하지만 이것은 전적으로 부모의 바람일 뿐입니다. 아이가 부모를 인지한다는 것은 부모의 부재도 인식한다는 뜻입니다. 그렇기 때문에 어떤 형태로든지 부모를 인식하고 있는 아이에게는 명확한 설명이 가장 필요한 위로가 됩니다. 애매한 상황은 이런저런 생각을 불러일으켜 혼란과 불안을 초래할 수 있습니다. 진실을 알고 있는 것이 지금의 상황을 이해하는 데 도움이 됩니다. 나이를 고려해야 할 때는 어떻게 설명할까를 생각할 경우입니다. 알다시피 아이의 나이 수준에 맞추어 얘기해야 이해하기 수월하니까요. 아이는 이해력이 자라는 만큼 생각도 복잡해지므로 만약 아이가 더 자라기를 기다린다면 부모의 설명도 그에 맞게 훨씬 더 정교해야합니다.

이혼, 어떻게
말할까?

부부가 이혼하기로 결정을 했고 그 결정을 자녀에게 알려주기로 했다면 실제 이혼하기 전에 알려주는 것이 좋습니다. 언제 알려주느냐와 관련하여 중요한 것은 아이가 자신의 마음을 표현하는 시간적 여유를 가질 수 있느냐 하는 것입니다. 가족의 상황마다 조금 다를 수는 있으나 너무 임박해서 알면 경황이 없어 당황할 수 있고, 그렇다고 해서 너무 일찍 알면 이혼하기까지 시간이 걸리므로 슬픈 상태가 길어지는 어려움이 있을 수 있습니다. 이혼 절차를 밟고 있거나 숙려기간 중에 있다면 이 과정에서 이야기하는 것도 현명한 접근입니다.

그렇다면 누가 얘기하면 좋을까요? 양쪽 부모 중에서 아이와 시간을 많이 보내는 쪽이 자연스럽게 아이에게 얘기하기도 하고, 아이와 관계가 좋은 부모가 얘기하기도 하고, 자녀 상황에 따라 부모가 각각 따로 설명하는 경우도 있으나 가장 적절한 것은 코코 가족처럼 모든 식구가 함께 있을 때입니다. 엄마나 아빠라는 개인 단위보다는 부모라는 공동 단위로 다가서는 것이 불필요한 의심이나 오해를 줄일 수 있습니다. 함께 이야기하는 부모의 태도는 아이에게 안정감을 주고 두 사람 모두 여전히 부모라는 메시지를 전달합니다. 그리고 부모는 가족이 모이기 전에 어떻게 얘기할 것인지 먼저 충분히 의논하는 것이 좋습니다. 만약 아이가 한쪽 부모에게 따로 물어본다 하더라도 핵심적 내용은 늘 같아야 부모의 말을 받아들이기가 쉽습니다.

달라질 것을
말해주는 용기

아이에게 설명할 때 정말 중요한 것은 이혼을 하게 되면 현실적으로 당장 무엇이 달라지는지 알려주는 것입니다. 불안은 모를 때 커집니다. 이사를 가는지, 친구들과는 어떻게 되는지, 부모와 자신의 거취는 어떻게 되는지, 얼마나 자주 연락하고 만날 수 있는지 등의 구체적 정보는 아이를 안심시킵니다. 변화에 대한 준비가 되어 있으면, 아이는 막연한 불안에 휘둘리지 않고 더 차분하게 대응할 수 있습니다.

때로 아이들은 부모의 이혼이 자신의 잘못인가 싶어 괜한 죄책감을 느끼기도 합니다. 부모는 당연히 자신들의 문제라고 생각하기 때문에 이 부분에 대해 설명해주는 것을 대수롭지 않게 여길 수 있습니다. 그러나 이것은 어른들의 생각일 뿐, 아이들은 그렇지 않습니다. 특히 나이가 어릴수록 이렇게 생각할 가능성이 많습니다. 그래서 부모는 이혼이 아이의 잘못이 아니라 부모의 잘못으로 발생한 일이라는 사실을 분명하게 말해주어야 합니다. 더불어 아이가 부모에게 얼마나 큰 기쁨이고 선물인지를 말해주기를 바랍니다. 심리적으로 위축되기 쉬운 상황에서 아이가 부모로부터 자신의 존재 가치를 다시 확인받는 것은 그 자체로 위안이 되기 때문입니다.

코코 부모는 계속해서 코코에게 이혼에 대해 설명해주었습니다.

"엄마 아빠가 이혼을 하면 너에게 집이 두 개 생기는 거란다. 아빠와 엄마가 따로 집을 하나씩 갖게 되니까, 너는 두 집에서 시간을 보낼 수 있지. 우리는 둘 다 계속 너를 돌볼 거야. 그렇지만 엄마와 아빠는 떨어져서 살게 되는 거야. 아빠가 곧 새집으로 이사를 갈 거니까 그 집도 너의 집이 되는 거야."

무엇보다도 강조되어야 하는 것은 코코 부모의 설명처

럼 앞으로 모두 함께 살지는 못하지만 부모로서 아이를 사랑하고 돌보는 것은 변함없을 것이라는 점입니다. 이것은 아무리 많이 얘기되어도 지나치지 않습니다. 부모가 이혼을 한다는 것은 아이에게는 앞으로 집(가정)이 두 개가 생긴다는 의미입니다. 함께 살게 되는 부모 즉 양육권을 가진 부모와 자신이 살게 되는 집 그리고 양육권이 없는 함께 살지 않는 부모의 집이지요. 아이에게 있어 가족이란 서로가 머무는 공간이 달라진다는 것, 그럼에도 가족을 이루는 사람은 변함이 없다는 뜻으로 바뀌게 됩니다. 이제 부모는 공동부모로서의 역할을 감당해야 합니다. 부부로서는 각자의 길을 가지만 아이를 향한 각각의 부모로서의 가치는 변하지 않기 때문이지요.

그러나 아이가 이를 받아들이기까지는 나름대로 혼란을 겪기도 합니다. 이런 맥락에서 부모의 애정이 지속적으로 이어질 것이라는 사실을 강조하는 것은 아이가 여러 의구심에서 벗어나 또 다른 가족됨을 이해하도록 돕는 출발점입니다. 뿐만 아니라 함께 살지 않는 부모 역시 이혼과 상관없이 자신의 역할이 중요하다는 것을 자각하게 됩니다. 코코의 가족이 모여 이혼을 얘기하는 이 장면에서 저는 소파 곁에 자리한 할아버지, 할머니 사진이 반가웠습니다. 부모의 이혼으로 슬퍼하는 코코에게 가족의 범위를 부모로 국한하지 않고 더 적극적으로 열어주려는 작가의 작은 위로인 것 같았거든요.

이혼의 이유보다
중요한 것은 신뢰

　　　　　　　이혼하는 이유에 대해서도 적절한 설명이 필요합니다. 때때로 아이에게 어디까지 말해줘야 하는가에 대한 질문을 받습니다. 이혼은 매우 복합적인 특성을 가지고 있는 데다가, 아이들이 어른들의 복잡한 세계를 다 알 필요는 없기 때문에 모든 것을 속속들이 얘기해주어야 한다는 뜻은 아닙니다. 어떤 이유는 "네가 좀 더 큰 다음에 얘기 듣는 것이 더 좋아"라고 하며 조금 미루어두는 것이 도움이 될 때도 있습니다. 예를 들어 부모의 외도라든지, 범법 행위, 중독 등과 같은 이유로 이혼하게 되는 경우입니다. 그러나 이런 상황이 아니라면 적어도 기본적인 이유와 정서는 솔직하게 전달되어야 합니다. 숨기는 것이 아니라 이해할 수 있도록 말해주는 것이 더 중요합니다. 아이 입장에서 더 힘든 것은 뭔가 안 좋은 일이 일어나고 있는 것 같은데, 부모가 그것에 대해 애매한 태도를 취하거나 숨기려고 하는 데서 오는 불안함과 두려움입니다. 부모는 이혼 그 자체에 집중하는 경향이 많지만 아이에게 더 중요한 것은 이혼과 상관없이 부모에 대한 신뢰를 유지해가는 것입니다.

감정을 나누는
부모

　　　　마침내 아빠곰이 이사하는 날이 되었습니다. 코코는 울었습니다. 엄마곰은 코코를 다독거렸습니다.

> "그래 울어도 괜찮아. 눈물을 흘리면 슬픈 마음이 조금 없어진단다. 엄마도 이혼하게 되어서 슬퍼. 그래서 눈물을 흘릴 때도 있지. 아빠도 이혼을 생각하며 울 때가 있어."

　　코코는 집이 두 개인 것도 싫고 아빠가 떠나는 것도 싫었습니다. 엄마곰은 코코에게 아빠가 없으면 힘들겠지만, 그렇다고 해서 아빠가 돌아오지는 않는다고 분명히 말해주었습니다. 얼마 후 코코는 아빠의 새로운 집을 방문했습니다. 코코는 혹시 자기가 잘못해서 아빠가 집을 떠난 것은 아닌지 걱정이 되었습니다.

　　여러 가지가 복잡하게 얽혀 있는 상황에서 부모가 감정을 먼저 말해주는 것은 정말 좋은 접근입니다. 감정을 감추기보다는 엄마도, 아빠도 아이와 비슷한 감정을 느끼고 있다는 것을 나누는 것이지요. 이런 과정을 거쳐 아이는 자신의 감정을 자연스러운 것으로 정당하게 받아들일 수 있습니다.

　　주의해야 할 것은 부모의 감정이 흘러넘치지 않도록, 그리고 아이의 감정에 대해 과도하게 반응하지 않아야 한다는 것입니다. 담백하게 반응하려고 노력하면서 아이의 부정적인 표현에 휩쓸리지 않도록 해야 합니다. 또 하나 조심해야 할 것은 이혼을 번복한다든가와 같은 거의 바꿀 수 없는 일들은 부모가 분명한 태도를 취하는 것이 도움이 됩니다. 특히 이혼 초기, 부모와 아이가 모두 혼란스러울 때는 더욱 그렇습니다. 코코의 엄마처럼 때로는 부드럽게, 때로는 분명한 부모의 태도는 아이가 자신의 자리를 찾아가는 데 좋은 길잡이입니다.

실제로 아이들은 한쪽 부모와 있을 때 정말 이혼 사유가 따로 있는 것은 아닌지, 자기가 말을 안 들어서 그런 것은 아닌지, 자기가 착하게 행동하면 다시 모여 살 수 있는 것인지, 자신이 모르는 다른 방법이 있는 것인지 등 여러 질문을 할 수 있습니다. 그래서 부모는 이혼 전에 의논한 기준에 맞추어 일관되게 같은 얘기를 들려주려고 애써야 합니다. 사실 어떤 면에서는 질문들에 일일이 답하는 것보다 그 속에 조심스레 숨겨져 있는 아이들의 기대나 염려를 알아주고 인정해주는 것만으로도 충분합니다.

'충성심 갈등'을 덜어주는
부모의 태도

제가 무릎을 탁 친 장면이 있는데요. 아빠가 코코에게 잠자리에 들기 전에 엄마한테 전화해서 안녕히 주무시라고 인사하고 싶은지 물어보는 장면입니다. 이혼 후 부모역할을 고민하는 부모들이 꼭 계발하면 좋겠다 싶은 감각입니다. 아이의 입장에서 부모는 세상 누구보다 사랑하는 사람인 동시에 가장 사랑받고 싶은 대상입니다. 그런데 이런 두 사람이 깊은 갈등을 겪다가 헤어지게 된 것입니다. 아이는 갑자기 마음이 복잡해집니다. 엄마와 가까워지면 아빠에게 미안하고 아빠와 가까워지면 엄마에게 미안합니다. 그전에는 마음 가는 대로 행동해도 괜찮았는데, 지금은 엄마와 아빠 사이에서 어찌할 바를 몰라 합니다. 함께 살지 않는 부모에게 연락하고 싶을 때 그렇게 해도 되는 것인지 순간 고민이 됩니다. 다른 쪽 부모의 연락을 받는 경우에도 슬그머니 함께 살고 있는 부모의 눈치가 보입니다. 부모가 괜찮다고 편하게 해도 된다고 얘기하지만 쉬이 그렇게 되지는 않는 것 같습니다. 그야말로 진퇴양난인 셈이지요.

이런 모습을 이혼 상황에서 아이가 겪을 수 있는 '충성심 갈등'이라고 부릅니다. 어느 부모가 아이의 이런 모습을 좋아할까요? 그러나 코코의 아빠처럼 다른 쪽 부모와 접촉하는 길을 앞서서 열어준다면 아이가 조용히 감추고 있는 부담을 한

결 덜어줄 수 있습니다. 뿐만 아니라 코코의 아빠는 '엄마'라는 단어를 자연스럽게 사용함으로써 전 배우자를 아이의 다른 쪽 부모로 존중하고 있다는 것을 보여줍니다. 부모의 이런 태도가 디딤돌이 되어 아이는 다른 쪽 부모에 대한 자신의 마음을 밖으로 드러내도 된다는 것을 알게 됩니다. 아이의 부모에 대한 사랑은 선택이 아닙니다.

부모는 공동의 일관된 기준을 가지고 아이를 대해야 하지만, 아이는 다릅니다. 아이에게 양쪽 부모를 똑같은 수준으로 대하고 행동하라고 말할 수는 없습니다. 중요한 것은 아이가 편안하고 자연스럽게 부모 모두를 사랑하는 것입니다. 아이를 양육하는 목적이 부모 자신의 개인적인 욕구를 충족하는 것은 아니니까요. "우리는 이혼했지만 너는 우리 모두를 사랑해도 괜찮아"라는 아빠곰의 말이 아이의 마음에 온전히 깃들어갈 때 충성심 갈등으로 인한 혼란은 마침표를 찍을 것입니다. 아이에게 양쪽 부모를 모두 사랑하는 길을 열어주면 아이는 자연스럽게 알게 됩니다. 이혼은 자신의 잘못이 아니라는 것을!

부모의 이혼 사실을
학교에 알려야 할까?

작가는 집 외에 코코의 일상이 펼쳐지는 장면을 통해 이혼 후 아이가 겪을 수 있는 또 다른 고민을 알려주고 있습니다. 어린이집에서 가족에 대한 그림을 그리는 날, 코코는 예기치 못한 곤란한 상황에 처했습니다. 평소 같으면 주저없이 그렸겠지만 집을 하나 그린 다음부터 코코는 그림을 어떻게 이어가야 할지가 떠오르지 않았습니다. 엄마 아빠를 어디에 그려야 하고 심지어 자신은 어디에 그려 넣어야 되는지 도통 알 수가 없었거든요. 옆에서 같이 그림을 그리던 가장 친한 친구 펫시는 벌써 다 그렸는데도 말입니다. 이렇듯 막막하고 복잡한 코코의 상황을 작가는 한 장의 그림으로 쉽게 담아내었습니다. 도화지의 중간에 집 하나만 그려져 있는 코코의 그림과 완성된 펫시의 그림을 대비시킴으로 코코의 상태를 보다 생생하게 보여주고 있습니다. 사실 펫시의 그림에는 두 개의 집과 각자의 집 앞에 서 있는 엄마와 아빠, 그리고 그 사이에 서서 엄마아빠의 손을 잡고 있는 펫시가 있습니다. 이것만으로 펫시 역시 어떤 상황인지 충분히 알 수 있지만 코코는 미처 발견하지 못했지요. 그저 펫시를 가운데 두고 활짝 웃고 있는 펫시의 가족만 보일 뿐이었죠. 코코는 그림을 완성했을까요?

어린이집이 끝날 때 엄마곰이 코코를 데리러 왔습니다. 엄마곰은 선생님께 이혼과 집안의 변화에 대해 얘기를 했습니다. 선생님은 엄마의 얘기를 듣고 오늘 코코가 보여준 행동에 대해 비로소 알게 되었습니다. 가족들을 어디에 그려야 될지 몰라 힘들어했던 코코의 마음까지 말입니다. 이혼 상담을 할 때 자주 듣는 고민 중의 하나가 어린이집이나 학교 같은 곳에 알릴 것인가입니다. 부모들은 혹시라도 선생님이 편견을 갖고 아이를 대하면 어떻게 하나 고민하기도 하고, 친구들로부터 따돌림 당할까 걱정하기도 합니다. 이런 염려도 있지만 선생님이나 학교생활을 통해 위로나 응원 받는 이로움도 있습니다. 나아가서는 예방적 차원의 도움을 요청할 수도 있습니다. 아이의 하루가 이어지는 공간, 학교는 아이의 감정을 이해하고 지지해줄 수 있는 중요한 장소입니다. 조심스러운 면이 있긴 하지만 걱정이나 체면을 앞세워 아이가 경험할 수 있는 유익까지 미리 차단하는 것은 아닌지 함께 살펴보는 것도 좋을 것입니다.

누구를 중심으로 가족을
규정해야 할까?

코코는 펫시의 부모님도 이혼했다는 것을 알게 되었습니다. 코코는 궁금했습니다. 어떻게 펫시의 그림에는 모든 가족이 다 있을 수 있었을까 하고 말입니다. 엄마곰은 코코에게 이혼은 아빠와 엄마가 했고 코코와 부모가 이혼한 것이 아니며 이혼한 가족도 가족이라는 얘기를 들려주었습니다. 코코는 이 말을 잘 이해했을까요?

이혼은 결혼한 두 사람이 이전에 누렸던 부부로서의 관계가 단절된다는 것이지 부모자녀 관계까지 단절되는 것은 아닙니다. '너무 당연한 이야기 아니야?'라고 생각될 수도 있지만, 엄마곰의 얘기는 단순히 표면적으로 드러나는 측면을 말하지는 않습니다. 사실 이것은 가족의 중심이 달라진다는 중요한 변화를 의미합니다. 즉, 누구의 시선을 중심으로 가족을 보아야 하는가입니다.

이혼 전 가족은 부부를 중심으로 규정됩니다. 그래서 부부의 입장이 중요하게 작용합니다. 그러나 이혼 후에는 철저하게 아이를 중심으로 가족을 규정해야 합니다. 아이와 부모는 완전히 끊어질 수 없습니다. 그렇기 때문에 부부는 더 이상 가족이 아니지만, 아이에게 부모는 여전히 가족입니다. 이것은 부모 역할을 비롯하여 가족관계, 가족구조 등 여러 가지가 아이의 관점에서 새롭게 재정립되어야 한다는 것을 의미합니다.

이혼, 잃어버린 꿈을
비우는 일

서투르더라도 부모의 이런저런 설명으로 자녀의 마음이 속히 정리된다면 얼마나 좋을까요? 하지만 아이의 속도는 부모의 기대보다 더 느릴 수 있습니다. 코코는 엄마곰의 침착한 설명에도 마음이 선뜻 움직이지는 않았습니다. 이혼한 가족은 자신이 알고 있던 가족이나 원했던 가족과는 다르게 느껴졌거든요. 코코에게 있어 가족은 지금까지 그랬던 것처럼 모두가 함께 사는 것이었으니까요.

코코의 이런 마음은 이혼이 가족이 겪는 상실의 하나라는 사실을 잘 보여줍니다. 막연하지만 늘 마음 한편에 따뜻함으로 그려왔던 가족에 대한 꿈, 서로에 대한 바람, 사랑을 주고받으며 가족됨을 빚어가고자 했던 고운 마음들…. 그렇습니다. 이혼은 결혼하고 가족을 이루면서 채움 받고 싶었던 것들을 어쩔 수 없이 비워내고 떠나보내야만 하는 애달픈 상실인 것입니다.

이혼 상담을 하면서 꼭 살펴보는 것 중 하나가 아이에게 얘기를 했느냐입니다. 이때, '우리가 계속 갈등이 있었기 때문에 아이들도 이미 짐작하고 있어서 이혼을 알려도 별다른 일은 없었습니다'라고 하든지 또는 '아이들도 알 거 다 아는 나이라서 이혼한다고 해도 놀라지 않을 것입니다'라고 반응하는 부모들을 종종 만납니다.

마치 부모의 이혼에 큰 영향을 받지 않는다는 것처럼 혹은 그래서 크게 걱정할 필요가 없다는 듯 들립니다. 물론 예상했던 일이라 아이가 충격을 덜 느낄지도 모릅니다. 그러나 부모의 이런 생각은 아이가 부모도 모르는 사이 이전부터 홀로 이혼을 준비해왔을 수 있다는 의미이기도 합니다. 이미 스스로 조금씩 상실을 경험하고 있었던 셈입니다.

아이의 애도 과정을
헤아리고 기다려주기

아이도 상실을 겪고 있고 부모도 마찬가지입니다. 다만 그 속도를 기다리고 인정하는 것이 진짜 회복의 시작입니다. 상실은 언제나 애도의 과정을 필요로 합니다. 애도라고 해서 어떤 특정 형식이나 의례를 고집할 필요는 없습니다. 대개 아이들이 하는 얘기나 행동 속에 애도가 내포되어 있는 경우가 많습니다. 코코의 질문들이 애도의 과정과 연결되고 있는 것처럼 말입니다. 코코가 아빠집과 엄마집을 오가며 나누는 대화는 단순히 묻고 답하는 행동이라기보다 사실은 코코의 애도과정입니다. 특히 함께 살지도 않는 사람들이 가족이 될 수 있는가와 같이 수시로 반복되는 질문은 더욱 그러합니다. 지금까지 한집에서 같이 살던 가족을 어쩔 수 없이 떠나보내면서도, 함께 살지는 못하지만 여전히 가족으로 존재하고 싶은 아이의 간절함이 이런 질문에 담겨 있습니다. 아빠곰은 '우리는 따로 떨어져서 사는 가족'이라는 현명한 대답으로 아이의 마음을 헤아렸습니다.

이런 고민의 시간을 보내고 나서야 비로소 코코는 부모님의 이혼의 의미를 알게 되었습니다. 그래서 부모는 평상시 생활 속에서 어떻게 하면 아이와 정보를 잘 나눌 수 있을까 고민하며 아이가 궁금해하거나 걱정하는 일들을 잘 표현하도록 이끌어가야 합니다. 그리고 그것들에 대해 꾸준히 성실하게 대답해줌으로써 아이의 애도과정에 동참할 수 있습니다. 부부는 헤어지더라도 부모로서는 여전히 함께해야 하기에 아이의 마음에 계속 먼저 말을 걸어야 합니다. 이런 경험을 통해 아이는 부모로부터 위로와 지지를 받고 있다는 것을 구체적으로 알게 됩니다.

이혼이 고통 가운데 진행되는 경우가 많기 때문에 지나간 좋은 일들까지 없었던 것처럼 치부하거나, 지금의 상황이 좋지 않기 때문에 과거의 일은 의미 없다고 간주하는 경우를 종종 보게 됩니다. 있었던 그대로 보지 않고 과거를 외면하려 하든지 초연하려는 태도는 애도의 과정에서 도움이 되지 않습니다. 좋은 일은 분명 실재했던 일이고 가족됨의 한 부분을 차지했던 소중한 것입니다. 무엇보다 좋은 추억은 좋게 간직할 만한 가치가 있으며 아이의 삶에 간직되어야 하는 일부입니다.

여러 혼란의 시간들을 거쳐 비로소 코코는 같이 살지 않아도 가족이 맞다는 것을 알게 되었습니다. 마침내 코코의 표정이 편안해졌습니다. 미처 다 그리지 못했던 가족그림도 완성했습니다. 코코의 그림을 살짝 보고 갈까요? 코코는 가운데 있는 자신의 양손을 꼭 잡고 각자의 집 앞에 서 있는 엄마와 아빠를 그렸습니다. 그리고 그 뒤로 할아버지와 할머니의 얼굴도 그렸습니다. 코코의 입장에서 재구성된 새로운 가족그림의 탄생입니다.

이혼은 가족 모두에게 상실을 경험하게 하기 때문에 당사자에게도, 가족에게도, 주변의 사람들에게도 참으로 가슴 아픈 일입니다. 그러나 이 책은 고통만을 보여주고 있지는 않습니다. 코코를 따라가다 보면 앞으로 나아가는 가족의 모습에 이를 수 있습니다. 가족그림, 애착인형, 달력 등의 몇 가지 메타포가 이 흐름을 잘 이끌어내고 있습니다.

미완성이었던 가족그림을 완성하는 것으로, 슬픈 표정으로 축 늘어져 있던 애착인형이 점점 생기를 회복해가는 모습으로, 그리고 '마음을 보는 날'을 표기하는 달력으로 이 모든 것을 관통하고 있는 시간을 생각하게끔 합니다. 이혼한 당사자들도 이혼에 적응할 시간이 필요하고 아이도 시간이 필요하다고 그러니 서두르지 말라고 서두른다고 될 일이 아니라고 서둘러서도 안 되는 일이라고! 더불어 그 시간 속에 마음을 살피는 여정이 있어야 성장할 수 있다는 너무나 당연한 진리를 차분하게 일깨워주고 있습니다.

무릎 딱지

사를로트 문드리크 글·올리비아 탈레크 그림,
이경혜 옮김 | 한울림어린이

죽음, 사랑이 멈추는 것이 아니라면

"엄마가 오늘 아침에 죽었다."

　작가의 오마주였을까요? 한 치의 에두름도 없는 직설적인 첫 문장은 까뮈의 소설 『이방인』의 그것과 많이 닮았습니다. 제목이나 그림보다도 책 전체를 감싸고 있는 강렬한 색감에 이끌려 펼친 책의 시작은 꽤나 당혹스러웠습니다. 다른 책도 아니고 그림책의 시작으로 만나리라고는 전혀 기대하지 않았던 문장이었지요. 그림책은 곱고 예쁘다라는 약간의 클리셰에 갇혀 아마도 그에 걸맞은 표현을 기대했던 모양입니다.

　그림책의 첫 장부터 무방비 상태로 맞닥뜨리는 상실의 현실이 당혹감과 충격을 안겨줍니다. 무심히 책장을 넘기던 손이 멈칫하고 느긋하던 마음에 긴장감이 감돕니다. 여기에 다른 건 끼어들 틈이 보이지 않을 정도로 꽉 찬 붉은색도 책의 서두를 예사롭지 않게 합니다.

책의 첫머리를 보고 있자니 언젠가 읽었던 그림 작가의 인터뷰가 기억납니다. 슬픔을 비롯해 화, 걱정 등의 여러 복합적인 감정을 담아내는 색이 바로 빨강이라고, 그래서 엄마의 죽음으로 인해 주인공이 경험하게 되는 복잡한 감정을 표현하기에 이만큼 적합한 색깔도 없다고 생각해 선택했다는 내용이었습니다. 아, 그래서 이렇게 강렬하고 작품 전체를 관통하는 색이 되었구나 이해가 되었습니다. 그러고 나니 갑자기 다른 색에도 눈이 갑니다. 작가는 빨강과 더불어 노랑과 흰색도 보여주고 있거든요. 빨강이 갖는 강렬함과 복잡함 외에 아이에게 또 다른 무엇이 열리게 되는 것일까요?

궁금증을 품고 다시 표지를 보니 어린 소년이 자신의 무릎에 있는 상처를 내려다보고 있습니다. 무릎 딱지라는 제목과 달리 상처에는 아직 딱지가 앉지 않았습니다. 아이의 진지한 표정 때문인지, 또렷한 핏자국 때문인지, 상처가 눈길을 붙잡는 것을 보면 아무래도 이 작품은 아이의 상처에서부터 출발하는 모양입니다.

나한테는 오늘의
일이다

첫 장면은 아이의 침실입니다. 온통 붉은색 벽으로 감싸진 침실은 순간 모든 것이 정지된 느낌입니다. 침대에 미동도 없이 누워있는 소년, 작은 까딱거림조차도 버거워하는 듯한 비행기 모빌, 심지어 공기마저도 움직임을 멈춘 것 같은데 그 틈을 뚫고 어디선가 아이의 속말이 들려옵니다.

"엄마가 오늘 아침에 죽었다. 사실은 어젯밤이다. 아빠가 그렇게 말했다. 하지만 난 밤새 자고 있었으니까 그동안 달라진 건 없다. 나한테 엄마는 오늘 아침에 죽은 거다."

담담하게 엄마의 죽음이라는 정보를 전달하는 것 같지만 읽으면 읽을수록 마음에 꾹꾹 눌러 담은 아이의 슬픔이 진하게 느껴집니다. 엄마의 죽음을 받아들이기 싫어 아이는 시간의 정의조차 바꾸려고 합니다. 현실을 조금이라도 늦추고 싶은 아이의 저항이 애틋합니다. 이렇게 슬픔은 종종 감정보다 먼저, 부정의 말투로 드러납니다.

아이는 어제 엄마와 나누었던 마지막 대화를 회상합니다. 엄마는 너를 너무 사랑하지만 힘들어서 안아주지도 못하고 심지어 영영 떠나게 될 것이라고 말했습니다. 아이는 엄마의 상태를 부인하며 서툰 타협을 시도합니다. 기다리겠노라고, 엄마가 쉬고 돌아올 그때까지! 그러나 아이는 알고 있습니다. 자신의 무력함을, 엄마와의 이별은 정말 어쩔 수 없는 일이라는 것을. 그래서 더 화가 납니다. 엄마한테 그 화를 쏟아냅니다. 이렇게 빨리 가버릴 거면 왜 자신을 낳았냐고.

서툰 타협과 억눌린 감정이 교차하는 이 장면은 상실 이전의 예고된 고통을 잘 보여주고 있습니다. 그림 작가는 아이의 이런 복잡한 상태를 다양한 형상으로 묘사해주었습니다. 아이는 한껏 입을 벌리고 고래고래 소리를 질러봅니다. 힘없이 의자에 걸터앉아 있다가도 불현듯 힘껏 장난감을 걷어차기도 합니다. 소파에 깊이 몸을 파묻어도 봅니다. 단단히 팔짱을 끼고 홱 돌아선 등 뒤로 알 수 없는 노여움이 배어 나오는 것 같습니다. 그저 맥없이 주저앉아 있어도 보지만 나아지는 것도 해결되는 것도 없습니다.

아이는 점점 작아지더니 결국에는 스스로 상처덩어리가 된 듯 온몸이 빨강색이 되고 말았습니다. 아이는 눈물보다 더 선명한 행동으로 상실을 말하고 있습니다. 그림 작가가 이렇게 아이의 상태를 하나하나 세심하게 묘사해준 덕분에 아이의 헝클어진 절망을 더 주의 깊게 듣게 됩니다.

같은 아침이지만 결코
같지 않은 아침!

엄마가 돌아가신 뒤 집안 분위기는 많이 바뀌었습니다. 집은 쥐 죽은 듯이 조용하고 커피 냄새도 나지 않고 라디오 소리도 들리지 않습니다. 아이가 좋아하는 아침 빵도 없습니다. 아침마다 지그재그로 꿀을 발라서 반으로 잘라 먹던 빵은 어디로 갔는지 싸울 듯이 식탁을 노려보고 있는 아이의 앞에는 일자로 꿀이 발린 빵이 놓여져 있습니다. 짐작건대 엄마가 돌아가시기 전의 아침은 이렇지 않았을 것입니다. 은은하게 스며드는 커피 냄새, 경쾌하게 울려 퍼지는 라디오 소리, 그리고 엄마는 아이가 좋아하는 아침 빵을 식탁에 준비해두었겠지요. 이런 보통의 아침은 어디로 사라져버린 것일까요? 이런 아침이 다시 오기는 할까요?

기본적으로 가족의 죽음과 같은 상실은 가족생활의 기반을 흔들리게 하고 모든 가족에게 영향을 미치는 강력한 사건입니다. 이런 엄중한 상황이 생기면 가족생활의 내적 흐름인 가족과정은 즉각적으로 영향을 받습니다. 엄마의 죽음 이후 이 아이의 가족이 맞이한 아침풍경이 바로 그것입니다. 가장 익숙한 순간이 낯설어질 때, 우리는 진짜 상실을 실감합니다.

너무나 당연하고 자연스럽게 흘러가던 일상이 더 이상 이어지지 않는다는 것은 가족 안에서 작용하던 규칙이 달라지고 있다는 것을 의미합니다. 가족규칙은 일상에서 꾸준히 반복되어온 가족의 교류를 통해 만들어지기 때문에 가족에게 규칙이 있다는 것조차 모르는 경우가 많습니다. 그렇지만 사실 가족 규칙은 가족생활을 꾸려가는 중요한 요소로서 가족 안에서 움직이고 있습니다. 달라진 빵의 꿀바르기 방식에서 아이는 엄마의 부재를 명확히 느낍니다. 이것이 규칙이 무너진 가족의 표정입니다.

부모화된 아이,
어른을 돌보는 보호자

　　　　　　　　　　아이는 엄마한테 화가 났습니다. 엄마는 죽기 전에 아빠에게 아침 빵 만드는 걸 가르쳐주지도 않았고 심지어 우리 둘만 이렇게 남겨놓았으니까요. 그러면서도 아빠가 혼자서는 잘 해내지 못할 것이라 걱정합니다. 그래도 자신이 있어서 얼마나 다행인지요! 아빠에게 모든 걸 알려줄 수 있고 아빠를 돌봐줄 수 있으니까요.

　　본래는 부모가 아이를 돌봐야 하는데 거꾸로 아이가 부모를 돌보겠다고 합니다. 심지어 아빠의 힘듦을 자신의 능력으로 충분히 감수할 수 있다는 듯 걱정하지 말라는 깜찍한 배포까지 내비칩니다. 그렇지만 사실 아이는 아빠를 어떻게 돌봐야 하는지 모릅니다. 젖은 수건을 짜면 물이 나오듯 아빠를 꼭 짜면 온몸에서 눈물이 쏟아질 것 같습니다. 아빠가 가엾긴 하지만 그렇다고 해서 자꾸 우는 것도 보기 싫습니다.

가족 안에서 이런 모습이 나타나는 것을 '부모화 현상'이라고 합니다. 부모가 제대로 그 역할을 수행하지 못해 아이가 어른이 감당해야 할 책임이나 역할을 떠맡게 되는 것을 말합니다. 가족과정의 변화 중 하나입니다. 부모화 현상은 부모 개인의 오래된 문제 혹은 지금처럼 가족에게 어려운 일이 생겼을 때 나타나게 됩니다. 가족은 유기체적인 존재이니 가족의 위기를 겪을 때 이런 방법으로도 가족은 그 순간의 고비를 넘길 수 있습니다. 다만 아이가 가족의 한 사람으로서 적절한 방법을 통해 단기적으로 어떤 책임을 감당하게 해야 합니다. 그렇다면 아이가 건강한 책임감을 기를 수 있으니 아이에게도 유익할 것입니다.

그렇지만 아이가 과도한 책임감을 가지고 가족을 지켜야 한다든지, 부모를 만족시켜야 한다든지 하는 것은 적절하지 못한 접근입니다. 이런 종류의 책임감은 결코 아이의 몫이 아닙니다. 겉으로 보기에는 힘든 가운데서도 의젓하고 씩씩하게 견뎌내는 것처럼 보일 수 있지만 실상은 그렇지 못합니다. 미처 준비되지 못한 상황에서 과도한 부담을 짊어지게 되기 때문에 가족 내에서의 본래 자기 위치에서 벗어나게 될수도 있고 심지어 자신의 위치마저 잃어버리게 될 수 있습니다. 이렇게 되면 아이의 내면은 우울한 슬픔으로 채워지게 됩니다.

그림을 보니 슬픔에 잠겨 멍하니 주저앉아 있는 아빠가

있습니다. 누군가를 깊이 사랑하고 가정을 꾸리고 아이를 키우며 인생의 동반자로 보내온 시간이 갑자기 멈춰버렸습니다. 비록 거창하고 화려하지는 않더라도 진실된 마음으로 함께 꿈꾸던 미래가 있었습니다. 그러나 그 시간들이 덧없이 사라진 지금, 전혀 예기치 않았던 슬픔만이 가득합니다. 그 비통함이 어떠할지는 감히 가늠하기 어렵습니다. 아빠는 표현조차 하기 힘든 슬픔으로 몸을 가누는 것마저 힘들지도 모릅니다. 아이는 한쪽 팔로는 이런 아빠를 토닥이면서 다른 팔로는 자신을 감싸고 있습니다. 돌봄의 주체가 뒤바뀐 가족 안에서 아이는 자기 역할을 벗어나 아빠를 지켜야 한다는 부담을 떠안고 있는 것입니다.

아이 뒤로 작은 자동차 장난감이 보입니다. 앰뷸런스입니다. 아빠는 크고 아이는 작음에도 불구하고 어쩌면 아이의 눈에 아빠는 응급환자이고 자신은 보호자이거나 구조대원일까요? 아니면 두 사람 모두에게 앰뷸런스가 필요한 것일까요? 그림을 조금 더 들여다보면 둘의 색깔과 표정도 다릅니다. 이런 대비가 글의 행간에 배어 있는 아빠의 고뇌와 아이의 혼란스러운 마음을 더욱 뚜렷하게 그려내 주는 것 같습니다. 슬픔에 찬 아빠는 빨강으로, 아빠를 돌보는 아이는 살짝 붉은 빛이 감도는 흰색입니다. 여기에 아이의 불안하지만 커다란 미소와 그런 아이를 흘깃 보는 아빠의 약간은 얼떨떨한 표정까지 지금 두 사람의 입장이 어떠한지 충분히 헤아리고도 남습니다. 찌릿한 애처로움이 밀려와 한참을 바라보게 하는 장면입니다.

엄마의 냄새를,
목소리를 지키고 싶어

아빠는 엄마가 저세상으로 영원히 떠났다고 말했습니다. 그러나 사실 아이는 엄마가 어디로 떠난 게 아니라 죽었다는 것을 알고 있습니다. 엄마가 죽었지만 시간은 똑같이 흘러가고 있습니다. 아이는 잠자기가 싫어졌고 배도 조금씩 아파왔고 아빠도 돌보지 못하게 되었습니다. 엄마 냄새를 기억하고 싶은데 냄새가 자꾸 사라집니다. 두려운 아이는 엄마 냄새를 보존하려고 창문을 꼭꼭 걸어 잠급니다. 어쩌면 세상에서 가장 빨리 사라진다고 해도 과언이 아닌 냄새를 붙잡으려는 아이의 몸부림, 이것은 사랑의 절규입니다.

아이는 자신의 마음을 아빠에게 말하지 않습니다. 엄마라는 말을 꺼내기만 해도 아빠가 울기 때문입니다. 아이는 자신이 엄마와 똑같은 눈이어서 아빠가 자신의 눈을 보고 말하는 것도 힘들고 자신에게 어떻게 말해야 하는지도 잘 모른다고 생각합니다. 그런데 아이는 아빠가 자신에게 말하는 법을 진짜 모르게 되어도 괜찮다고까지 여기고 있습니다. 아빠의 말소리로 인해 엄마의 목소리가 지워질까 봐 겁이 나기 때문입니다. 이제 아이는 아예 다른 소리를 들으려고 하지 않습니다. 마침내 아이는 눈을 가리고 입을 다물고 코를 막습니다. 아이의 자기 고립은 엄마를 기억에서 놓치고 싶지 않은 간절한 사랑의 방식입니다.

감정을 말로 전하지
못하는 가족

어른들은 아이들이 이해하지 못할 것이라 미리 짐작하거나 혹은 아이가 너무 놀랄까 봐 둘러대거나 애매모호하게 표현하려는 경향이 있습니다. 그러나 아이는 분명 뭔가 큰일이 벌어진 것 같은데 지금 자신이 생각하는 것과 어른의 얘기가 다르면 혼란을 느끼게 됩니다. 무엇이 진짜인지 분간하기 어려운 상태에서 자신의 마음을 털어놓기는 더욱 어렵습니다. 어른 역시 어찌할 바를 모르고 두렵기도 합니다. 그럼에도 순간의 충격을 줄이고자 돌려 말하기보다는 아이의 눈높이에 맞추어 정확한 용어로 정확한 얘기를 들려주는 것이 필요합니다. 무엇보다 집중해야 할 것은 죽음에 대한 얘기를 들었을 때 아이가 보여주는 슬픔과 무서움을 수긍하고 받아주는 일입니다. 책 속의 아이처럼 모든 감각을 차단하면서 스스로를 단절시키지 않도록 말입니다.

가족의 상실은 더 말할 것도 없이 너무나도 큰 정서적 충격입니다. 떠나는 자에게도 남은 자에게도 죽음이 정말 가슴 아픈 이유는 '다시' 혹은 '다음'을 기약할 수 없기 때문일 것입니다. 다시 볼 수도 없고 돌이킬 수도 없고 다음을 약속할 수도 없는 영원한 헤어짐! 그래서 남은 사람의 마음은 애가 끊을 수밖에 없습니다. 처음에는 이렇게 비탄에 젖게 하는 죽음을 인정하기가 힘듭니다. 이런 일이 일어나다니…. 멍해집니다. 아니라고, 무언가 잘못되었다며 부인하고 싶습니다. 예상했다 하더라도 실제로 그 일이 내게 일어났다는 것을 받아들이기까지는 시간이 걸립니다.

죽음 이후는 몰라도 죽음이 무엇인가는 어느 정도 짐작한다고 생각했는데, 사실은 죽음이라는 사건을 겨우 알고 있었다는 것을 발견하게 됩니다. 그 의미를 직면하는 것은 또 다른 문제라는 것을 깨닫게 되는 것이지요. 이 과정에서 가족은 그 사람과 더불어 무엇을 잃어버리게 되었는지, 어떤 마음인지, 어떤 영향을 받는지, 어떤 것이 가장 아쉬운지, 간직하고 싶은 것은 무엇인지, 앞으로 어떻게 되는지 등 시간을 들여 함께 나누어야 할 것들이 많습니다. 그러나 사실 말이 쉽지, 이 작업이 수월하다는 것은 아닙니다.

상실의 충격은 보이지 않는 큰 파동을 일으킵니다. 마음은 갈피를 잡을 수 없고 다른 가족의 슬픔을 마주하는 것도 힘들고 갈등이 생기는 것도 싫습니다. 이러다 보면 가족들은 속마음을 잘 얘기하지 않게 됩니다. 아이러니하게도 슬픔을 덜어줄 수 있는 유일한 순간에 자주 침묵을 선택합니다. 가장 고통스러울 때, 깊은 위로와 위안이 흘러야 할 때, 의도적으로 소통은 단절되고 관계는 폐쇄적이 됩니다. 마치 엄마의 죽음 이후 아빠가 아이에게 확실한 얘기를 들려주지 않거나 아이가 자신을 고립시키고 아빠에게 속마음을 얘기하지 않는 것처럼 말입니다.

아이도, 아빠도 서로의 아픔을 무겁게 느끼지만 오히려 그 때문에 거리를 둡니다. 상실의 외로움은 여기서 깊어집니다. 죽음과 같은 중요한 상실은 가족의 정서적 네트워크를 뒤흔들 정도로 강한 파급력을 가집니다. 슬픔을 겪는 방식은 다 다르지만 그것이 가족 간 연결에 영향을 미친다는 점에서는 같습니다.

슬픔을 천천히
풀어내고 있어요

눈코입을 다 막고 지내니 아이는 이제 혼자 있어도 괜찮고 아파도 괜찮은 것 같았습니다. 눈을 감으면 두 팔 벌려 안아주는 엄마가 느껴지고 조금이라도 아프면 괜찮다는 엄마의 부드러운 목소리가 들리니까요. 커다란 소파에 홀로 앉아 있는 작은 아이, 간결한 그림 속에서 아이의 외로움은 왜 이리 선명한지요.

어느 날 아이는 마당에서 넘어져 무릎을 다쳤습니다. 다시 들리는 엄마의 목소리에 아이는 상처를 그냥 지나치지 않습니다. 딱지가 앉기를 기다렸다가 긁어서 뜯어내고 상처가 아물지 못하게 다시 뜯어내고 피를 내기를 반복합니다. 아픈 건 싫지만 피가 흐르면 엄마 목소리를 들을 수 있고 그러면 조금은 덜 슬퍼지니까요. 이 대목에 이르면 책장을 넘기기가 쉽지 않습니다. 먹먹한 통증이 일어납니다. 아이의 입장에서 보면 누구보다 강력한 애착 대상이었던 엄마의 죽음은 전혀 상상하지 못한 어마어마한 일일 것입니다.

처음에 아이는 엄마의 죽음을 애써 미뤄보았습니다. 그러다 아빠에게 아침 빵 만드는 법을 알려주지도 않고 떠나버린 엄마를 원망했습니다. 그리고 지금은 어떻게든 엄마를 놓지 않으려고 합니다. 무릎의 상처를 붙들고 있는 아이 옆에 부러진 가지가 떨어져 있습니다. 여전히 푸른 잎이 붙어 있습니다. 얼핏 보면 생명력이 있는 것 같지만 사실 그 힘은 얼마 가지 못하고 곧 시들게 될 것입니다. 그렇다고 다시 나무 본체에 이어 붙여 되살릴 수도 없습니다. 아이가 아무리 상처를 내고 또 내어 엄마를 느낀다 할지라도 이는 한순간일 뿐, 엄마는 돌아오지 못할 것입니다. 나뭇가지는 아이의 내면과 맞닿아 있습니다.

자신을 상처 내고 또 상처 내면서까지 엄마를 그리워하고 간직하려는 아이를 보며 애착이론으로 알려진 심리학자 볼비(Bowlby)의 설명을 떠올리게 됩니다. 그는 슬픔을 표현하는 방법과 과정에서도 애착의 영향력을 강조했습니다. 가령 상실의 슬픔을 겪고 있는 경우라면 떠난 이와의 애착을 계속 유지하려 하거나 애착을 회복하고 싶은 간절한 마음이 일련의 행동에 영향을 미친다고 보았습니다.

그러나 이런 행동이 갈망하는 바를 이루어주지 못한다는 것을 어른들은 이미 잘 알고 있습니다. 넘칠 만큼 잘 알고 있기에 이런 아이의 모습이 안타깝기도 하고 답답하기도 합니다. 얼마나 슬프고 그리우면 이렇게까지 할까 이해하다가도 아무 짝에도 쓸데없는 일이라 공연히 타박하기도 하고 어쩔 수 없는 일이니 빨리 이 상황을 받아들이길 바라는 마음에 조급해지기도 합니다. 그렇지만 심리학자의 설명을 디딤돌 삼아 잠시 숨을 고르고 보니 아이가 보여주는 슬프도록 천진한 간절함은 상실이 종결적 사건이 아니라 풀어내는 과정임을 다시 일깨워줍니다.

울음으로 감정을
터뜨린 순간

어느 날 아침, 아빠는 할머니가 오신다고 말했습니다. 아이는 슬픈 어른을 두 사람이나 돌봐야 한다는 부담감에 걱정이 되었습니다. 할머니는 엄마의 엄마니까요. 게다가 지금 아이의 무릎에는 딱지가 앉아 있습니다. 슬픈 어른 두 사람에, 딱지에 이만저만 버거운 상황이 아닙니다.

아이의 속내가 얼마나 복잡할지 글로도 충분한데 그림도 힘을 보태고 있습니다. 이미 마음으로는 돌봄이 시작되었는지 두 사람에게 차를 대접하는 아이가 보입니다. 찻잔 쟁반을 반듯하게 받쳐 든 모습에서 아이에게는 쉽게 보기 힘든 꼿꼿한 긴장감이 엿보이고, 아이를 가만히 바라보는 할머니와 아빠의 얼굴에는 설핏 걱정스러움이 엿보입니다. 팽팽한 느낌이 위태위태합니다. 아직 할머니가 오신 것도 아닌데 벌써부터 마음이 아슬아슬하고 조마조마해집니다.

아이의 걱정도 아랑곳없이 마침내 할머니가 오셨습니다. 그런데 할머니가 오시자마자 전혀 예상하지 못한 일이 벌어지고 말았습니다. 할머니는 가만히 선 채로 집 안을 한 번 둘러본 뒤 갑자기 아이에게 뽀뽀를 퍼부으시고는 얼른 달려가 창문을 활짝 열었습니다.

이럴 수가!

할머니가 창문을 확 열어젖히자 우울하고 곤두서 있던 공기는 한순간에 흩어졌습니다.

"안 돼! 열지 마. 엄마가 빠져나간단 말이야."

아이는 비명을 지르면서 울기 시작했습니다. 그동안 차곡차곡 쌓아두었던 슬픔과 두려움이 고통스러운 울음으로 쏟아져 내렸습니다. 눈물이 끝도 없이 끝도 없이 쏟아졌고 결국 아이는 아무 것도 할 수 없을 정도로 힘이 다 빠져버렸습니다. 속에 있던 슬픔이 다 흘러나온 것일까요? 온통 붉은색이었던 아이는 투명한 아이가 되었습니다.

슬픔의 상자와도 같던 거실에 창문이 활짝 열리고 창밖의 흰색은 거실의 빨강색과 극명하게 대비되어 마치 새로운 길로 인도하는 입구인 양 시선을 사로잡습니다. 열려진 창문은 절망으로 웅크려 앉은 아이를 부르는 초대장이 될 수 있을까요? 창문을 걸어 잠그기만 하던 아이에게 이제 거기서 나와도 괜찮다고, 무서워하지 말고 이리로 나와보라고!

이 장면에 이르러서야 '아, 이제 되었다. 다행이다'라는 안도감이 밀려왔습니다. 누가 알세라 꽁꽁 싸매어두기만 했던 아픈 마음을 마침내 밖으로 드러낸 아이를 만났기 때문이지요. 슬픔은 마침내 말이 되었고 울음은 다시 삶을 열어주는 문이 되었습니다. 할머니가 창문을 연 사건이 아이 안에 억눌렸던 슬픔을 바깥으로 풀어내게 해주는 전환점이 된 것입니다.

엄마를 마음으로
기억하기로 하다

온몸으로 우는 아이의 곁으로 다가온 할머니는 아이의 두 손을 가만히 아이의 가슴 위에 올려주었습니다. 그러고는 이렇게 말합니다.

"여기, 쏙 들어간 데 있지? 엄마는 바로 여기에 있어.
엄마는 절대로 여길 떠나지 않아."

얼마나 위로가 되는 장면인지요!

아이는 할머니의 말이 맞을 수 있다고 생각합니다. 할머니는 엄마의 엄마니까요. 이제 아이는 가슴에 있는 엄마를 기억하려고 달리기를 시작합니다. 아무리 애써도 엄마를 완전히 잊게 될까 봐 무서웠던 마음은 달리기로 채워집니다. 심장이 쿵쾅거리는 소리는 엄마가 쳐주는 북소리 같고 그래서 심장이 터지기 직전까지 온 힘을 다해 이곳저곳을 내달립니다. 달리기의 끝에서 아이는 가슴 위로 조심스레 두 손을 얹어봅니다. 숨이 가쁜 만큼이나 심장의 떨림도 커지고 그렇게 엄마를 느끼고픈 마음도 커다랗게 전해져 옵니다. 달리고 멈추고를 반복하는 아이의 모습은 이별과 그리움이 공존하는 건강한 애도를 보여줍니다. 이제 엄마는 몸의 상처가 아니라 마음속 기억으로 존재하게 되는 것입니다.

할머니가 해주신 것은 이것만이 아닙니다. 예상되지요? 할머니는 아빠에게 빵에 지그재그로 꿀을 바르는 방법도 가르쳐주셨습니다. 아빠는 썩 잘하지는 못했지만 아이는 아빠가 더 잘하게 하려면 격려해줘야 하니까 아무 말도 하지 않았습니다. 할머니가 할머니 집으로 돌아가신 후, 집안 분위기는 조금 달라졌습니다. 엄마가 있던 여느 때의 아침처럼 모닝 커피향이 집 안을 감돌고 라디오 소리도 들립니다. 헤살거리는 아이의 모습에 아빠의 미소가 편안합니다. 아이는 팔을 활짝 벌린 아빠에게 달려갑니다. 아이의 심장이 세게 뛰면서 엄마의 속삭임이 들려옵니다.

"그래, 아빠한테 가서 안겨. 내 아들아….."

세대의 유대로
회복되는 일상

이런 대목을 만나면 인간에게 세대가 존재한다는 것이 얼마나 감사한지요. 세대라는 측면에서 볼 때 엄마의 죽음은 단순히 분리된 개인적 측면의 슬픔이 아니라, 아이의 슬픔이자 아빠의 슬픔이며 할머니의 슬픔이고 결국 세대를 이루는 모두의 슬픔입니다. 세대는 겉으로 봤을 때는 단순히 부모와 자녀의 연결고리를 지칭하는 정도지만 더 중요한 것은 그 안에 흐르고 있는 감정적인 유대감입니다. 이런 세대적 유대를 바탕으로 가족은 가족생활을 만들어가고 우리가 누구이며 어디에 연결되어 있는지 무엇이 중요한지를 알아갑니다. 세대 간 유대는 가족만이 가지는 고유한 자원으로서 특히 어려움이 닥쳤을 때 그 빛을 발합니다.

회복은 세대를 잇는 손길에서 조용히 퍼져갑니다. 아빠는 할머니에게 빵에 꿀을 바르는 방법을 배우고, 할머니는 손자의 슬픈 마음을 헤아리고 위로합니다. 할머니의 방문 이후 달라진 집안 분위기는 엄마의 죽음으로 모든 것이 흔들렸던 가족이 다시 일상을 찾아가고자 내딛는 서투르지만 진지한 발걸음입니다. 조금씩 매일의 관습을 회복해가면서 가족은 상실 이후의 삶에 다시 적응해갑니다. 여전히 슬픔은 남아 있지만 우리는 그조차도 껴안으며 살아갑니다. 이 여정에서 가족의 따뜻한 기억은 그 자체로 안전망입니다. 남겨진 사람을 보호하고 가족관계를 보호합니다. 이제 지그재그로 꿀을 바른 아침 빵이 준비된 식탁에서 우리는 아이의 가족이 다정한 온기를 나누고 새로운 가족됨을 만들어가기 시작했다는 것을 알게 됩니다.

새살이 돋은 무릎,
상처에서 회복으로

아이의 무릎딱지는 어떻게 되었을까요? 그날 저녁, 무릎을 만져본 아이는 깜짝 놀랐습니다. 더 이상 딱지가 만져지지 않았거든요. 대신에 매끈매끈한 새살이 나 있었습니다. 자신도 모르는 사이에 딱지가 저절로 떨어진 것입니다. 아이는 울까 말까 망설였지만 울지 않기로 합니다. 그리고 아이는 가슴 위 쪽 들어간 곳에 두 손을 올려놓고 편안히 잠들었습니다. 이제 아이가 엄마의 죽음과 그 의미를 받아들였다는 것을 알 수 있습니다. 처음 엄마를 잃었을 때 아이의 마음은 딱지조차 앉을 수 없는 상처처럼 아팠습니다. 그럼에도 그 안에서는 사랑과 성장의 씨앗이 움트고 있었고, 이제 더 이상 딱지가 만져지지 않는 아이의 무릎은 고통을 지나온 여정의 마침표이자 회복의 상징입니다.

문득 지금껏 아이가 보여준 모든 것은 엄마를 보내지 않으려 했던 것이 아니라 어쩌면 엄마와 작별하고 있다는 뜻이었는지도 모르겠다는 생각이 들었습니다. 상실이 시간의 흐름에 따라 여러 과정에 영향을 미치듯이 가족의 변화와 더불어 아이 역시 나름의 애도 과정을 거쳐 왔나 봅니다. 무감각 단계를 시작으로 그리워하고 찾다가 혼란과 절망의 시간을 지나 마침내 상황을 받아들이고 다시 상황을 정의하게 된 것이지요. 이런 여정을 거치면서 엄마를 떠나보내고 동시에 마음에 간직할 수 있게 되는 것입니다. 받아들인다는 것이 결코 만만한 게 아님은 분명합니다. 수많은 질문과 미련과 가정을 동반하는 고통스러운 일입니다.

대학 시절 어머니가 돌아가신 후 한동안 계속 반문한 것은 '나에게 어떻게 이런 일이 일어났지?'였던 것 같습니다. 바꾸어 말하면 이렇게 힘든 일은 내 삶에서 일어나면 안 되는 일, 아니 내가 충분히 준비되었을 때 일어나야 하는 일이어야 한다고 생각했던 모양입니다. 나는 나의 삶이 그저 예

쓰고 좋을 줄만 알았습니다. 이런 어리석은 순진함에서 빠져나와 어머니가 돌아가셨다는 것이 실제 무엇을 의미하는가를 알게 되는 데는 시간이 한참 걸렸습니다. 돌이켜 보면 책임은 막중하고 온갖 일들이 얽히고설켜 모든 것이 혼란스러웠지만 의외로 그 출발은 단순했던 것 같습니다. 그냥 이런 일이 일어난 것은 객관적으로 사실이라는 것, 그 자체를 인정하기 시작하면서 비로소 다음 단계로 넘어갈 수 있었던 것 같습니다.

'충분히'를
충분히!

상실과 애도에 대해 얘기할 때 충분히 슬퍼하고 잘 보내주라는 말을 많이 듣습니다. 여기서 충분히라는 건 얼마의 기간을 말하는 것일까, 슬픔의 시간은 정해져 있을까, 애도의 시간은 언제까지일까 생각하게 됩니다. 보내야 하는 대상과의 함께했던 시간, 그 속에서 펼쳐졌던 수많은 이야기, 마음의 깊이, 새록새록 떠오르는 아쉬움, 그리움 등 고려해야 하는 여러 변수들이 있습니다. 그 시간이 각자 다 다르고 같을 수 없다는 것은 너무나 당연합니다. 이런 걸 생각하면 충분히 울어라, 충분히 슬퍼해라, 그래야 잘 보내줄 수 있다 등의 말을 얼마나 부담 없는 위로로 쓰는가 반성하게 됩니다. 만약 우리가 '충분히'라는 말을 진심으로 '충분히' 생각한다면 슬픔이나 애도의 시간에 대해 더 깊이 헤아릴 수 있을 것입니다.

La Croute

그림책을 다 읽고 보니 빨강색은 상처와 아픔만 표현한 것이 아니었다는 생각이 들었습니다. 그 색깔 속에는 나음과 회복에 대한 소망도 있었습니다. 책의 원제 역시 이 소망의 가치를 더해주는 것 같았습니다. 원제인 'La Croute'는 껍질, 빵이나 치즈 등의 딱딱한 겉면을 말합니다. 표면이 단단해서 밖에 있는 것이 속으로 들어오지 못하게 해주지요. 상처의 '딱지'가 바로 이와 같습니다. 상처가 다 나을 때까지 외부의 세균이 침범하지 못하도록 막아주다가 상처가 아물면 저절로 떨어집니다. 그런데 만약 아물기 전에 억지로 딱지를 떼어내면 상처는 덧나기 마련입니다. 이런 면에서 딱지는 이중적입니다.

또한 딱지는 선택의 경계이기도 합니다. 아물기 위해 불편하더라도 충분히 기다릴 것인지 아니면 아물기 전에 건드려서 계속 상처에 머물 것인지를 정하는 지점입니다. 아파서 잠시 멈출 수는 있습니다. 멈추어도 됩니다. 그러나 단순히 붙잡기 위해 계속 머물러 있거나 덧나게 하는 것은 두려운 나머지 먼저 방어하려는 것인지도 모릅니다. 이런 것보다는 차라리 상처를 관리하는 편이 더 낫습니다. 보고 싶지 않을 때도 있고 유독 아픈 날도 있겠지만 상처를 수시로 살펴보면서 소독도 해주고 연고도 발라주고 가려워도 견디면서 상처에게 나을 시간을 주는 것입니다. 상처는 언젠가는 아물고, 삶은 그 위에서 다시 이어집니다.

딱지가 저절로 떨어지고 매끈한 새살이 돋은 무릎을 보며 울까 말까 망설이다가 울지 않기로 선택하는 아이에게서 두려움을 넘어서는 단단한 도전을 배웁니다. 소망을 기대하는 꿋꿋한 용기를 배웁니다.

리디아의 정원

사라 스튜어트 글·데이비드 스몰 그림,
이복희 옮김 | 시공주니어

고요한 탄성, 가족의 회복력

이 책은 리디아의 편지글로 이루어진 아름다운 그림책입니다. 그림은 은은하면서도 또렷하고 색감은 포근한 데다 장면 하나하나에 스며들어 있는 따사로움은, 깜깜한 어둠 속에서 작은 등불을 본 것처럼 안도감을 느끼게 합니다. 여기에 가슴 뭉클한 줄거리까지 더하면 이렇게 섬세한 온정을 품은 작품이 있을까 싶습니다. 짧은 글이지만 가족이 품고 있는 힘을 소개하기에 전혀 손색이 없는 것은 바로 이런 다채로운 매력 덕분일 것입니다.

표지에서 우리는 건물의 옥상에 서 있는 어린 여자아이, 리디아를 만납니다. 리디아가 서 있는 사다리는 뒷표지에까지 이어져 있어 양쪽을 펼치면 그림이 마치 한 장인 것처럼 보여집니다. 리디아는 씩씩한 표정으로 머리에는 밀짚모자를, 왼손으로는 활짝 핀 해바라기 화분을, 오른손으로는 모종삽을 힘껏 치켜든 모습입니다. 뭔가 떠오르지 않나요? 머리에는 왕관, 왼손은 독립선언문, 오른손은 횃불을 높이 들고 있는 자유의 여신상을 연상시키기에 모자라지 않습니다. 자유의 여신상이 그냥 서 있는 것이 아니라 발을 묶고 있는 쇠사슬을 끊고 앞으로 걸어가는 모습이라는 것을 생각하면 리디아 역시 금방이라도 성큼 한 걸음을 내딛을 것만 같습니다.

여리게만 보이는 리디아의 기세가 제법 그럴듯하게 느껴지는 것은 머리 위로 쭉 뻗어나간 해바라기가 한몫을 해주고 있기 때문입니다. 해의 강렬함에 눌리는 것이 아니라 고개를 꼿꼿이 들고 당당하게 서는 해바라기와 시련 속에서도 꺾이지 않는 생명력과 희망을 담고 있는 이 작품은 많이 닮았습니다.

앞면지를 보면 시골 마을에 자리한 정원이 가득 펼쳐져 있습니다. 여기도 표지와 비슷하게 양쪽 면지가 하나의 그림처럼 연결되어 있습니다. 아담한 정원이지만 알록달록 다양한 꽃들과 식물들로 인해 정원은 참으로 풍요롭고 평온해 보입니다. 리디아와 할머니는 한창 토마토를 수확 중입니다. 할머니 뒤쪽으로 보이는 커다란 해바라기에 시선이 끌리면서도 순간 옆으로 바쁘게 달려가는 개를 쫓다 보면 눈은 어느새 속표지에 가닿습니다. 바구니를 가득 채운 할머니와 리디아가 집으로 향하는데, 저 멀리 외출했던 아버지가 돌아온 것이 보입니다. 그런데 집 앞에서 어머니와 얘기를 나누고 있는 모습이 예사롭지 않습니다. 뭔가 좋지 않은 일이 생긴 것일까요?

아직 본격적인 이야기는 시작도 안 했는데 예고편처럼 들려주는 배경 이야기에서 괜한 노파심이 고개를 듭니다. 그런데 정말 리디아의 집에 무슨 일이 생긴 것일까요?

위기의 시작
- 우리 모두 울었어요

궁금증을 안고 첫 장을 열면 리디아의 방에서 말없이 가방을 꾸리고 있는 할머니와 리디아가 보입니다. 부지런히 움직이는 손과 달리 기운 없는 표정이 너무나 슬프게 다가옵니다. 화병의 예쁜 꽃들이 주는 산뜻한 생기조차 보잘것없을 정도로 분위기는 착 가라앉았습니다. 이 분위기는 뭐지? 싶은데 책상 위에 놓여 있는 편지가 리디아 가정이 당면한 문제를 알려줍니다.

리디아의 아버지는 오랜 실직 상태였고 옷을 짓는 어머니의 부업도 위태로워졌습니다. 이런 형편으로 리디아는 가족과 떨어져 당분간 외삼촌의 집에서 지내게 되었습니다. 리디아 가족은 모두 울었습니다. 아빠까지도 눈물을 감추지 못했습니다. 경제적 어려움 속에서 가족이 흩어질 위기에 놓인 리디아의 집, 아이조차도 상황을 이해하고 받아들이는 여정이 시작되는 것입니다.

그런데 이런 어려움은 리디아 가정만의 문제는 아니었습니다. 작품의 시대적 배경이 직접적으로 언급되고 있지는 않지만 편지가 쓰인 시점을 통해 우리는 당시의 사회적 상황을 알 수 있습니다. 리디아의 편지는 1935년 8월 27일에 시작해 1936년 7월 11일까지 이어지는데, 이때 미국은 경제대공황으로 인해 사회경제적으로 매우 어려운 지경이었습니다. 많은 사람들이 일자리를 잃었고 국민들의 삶은 피폐해졌습니다. 리디아의 가정도, 이웃 가정들도 이런 사회적 상황에서 예외는 아니었습니다. 아무도 어머니에게 옷을 만들어 달라고 하지 않는 것은 아마 다른 사람들도 새 옷을 해 입을 형편이 아니기 때문일 것입니다. 이렇게 가족이 살아가다 만나게 되는 어려움은 가족 내에서 생겨나기도 하지만, 가족을 둘러싼 환경과 결코 무관하지 않습니다. 가족은 개별적인 동시에 보다 큰 사회적 맥락 속에도 놓여 있기 때문입니다.

가족 레질리언스로의
초대

가족이 경험하는 위기의 이유가 어디에 있든 가족이 위험을 만날 때 어떤 가족은 계속되는 어려움과 스트레스로 해체되기도 하고, 어떤 가족은 이전보다 더 유대감이 깊어지고 그동안 숨겨져 있었던 가족의 잠재력이 발휘되면서 더욱 단단해지기도 합니다. '그러게, 왜 그럴까'가 먼저 궁금해지기도 하지만 이것보다 우선적으로 주목해야 할 것은 위기를 겪으면서도 견고해지고 성장해가는 가족은 어떤 가족인가 하는 것입니다. 가족 레질리언스(Family Resilience) 접근은 이런 측면에 깊은 관심을 가집니다.

개념적으로 '레질리언스'는 '회복탄력성'으로 정의할 수 있으며 사람이 역경으로부터 다시 일어나 강해지고 동시에 가지고 있는 자원을 더 풍부하게 만들어가는 능력을 의미합니다. 얼핏 보면 이런 레질리언스가 개인에게만 존재하는 것 같지만 꼭 그렇지는 않습니다. 가족에게도 레질리언스가 있습니다. 어려움 중에 있는 가족에게서 드러나고 발휘되는 자원과 힘이 있습니다.

가족 치료학자인 프로마 월시(Froma Walsh)는 가족의 레질리언스는 역경이 있음에도 불구하고가 아니라, 역경을 통해 형성된다고 말했습니다. 이것은 가족을 매우 다른 시각으로 바라보게 합니다. 시련이 있을 때 '어려움을 겪고 있는 가족', '문제가 있는 가족'으로 보지 않고 '새로운 도전을 만난 가족'으로 시선을 전환할 수 있기 때문입니다. 이런 관점에서 볼 때 리디아 가족은 예기치 않은 경제적 문제로 인해 큰 스트레스 상황에 놓여 있는 가족에 머물지 않고 지금까지와는 전혀 다른 도전을 받고 있는 가족인 셈입니다. 그렇다면 리디아 가족이 이 새롭고도 어려운 도전에 어떻게 대처해가고 성장해가는가가 곧 리디아 가족의 레질리언스가 발휘되고 튼튼하게 되어가는 과정이 될 것입니다. 작은 소녀 리디아는 바로 이 여정으로 우리를 초청하고 있습니다.

레질리언스의 기본 바탕
- 긍정적 시각을 가지려는 노력

이제 리디아는 잠시 이곳을 떠나 있어야 합니다. 사랑하는 가족과도, 아끼는 화초들과도 작별입니다. 그럼에도 리디아는 자신은 작아도 힘은 세니 삼촌을 도울 수 있다면서 폐를 끼치지 않으려는 마음을 담아 씩씩하게 첫 편지를 마무리하였습니다.

삼촌에게 보내는 첫 편지는 8월 27일에 쓰였지만 떠날 준비가 된 것은 9월 3일이 되어서였습니다. 마을의 작은 기차역에서 리디아 가족은 작별인사를 나누었습니다. 할머니는 리디아와 눈을 맞추며 인사를 나누지만 아버지는 저만치 다른 곳을 바라보고 있습니다. 아버지로서 혼자 먼 길을 떠나는 어린 딸을 지켜보는 것이 버거웠을 수 있습니다. 어쩌면 가족을 지키지 못했다는 자책으로 더 괴로웠는지도 모르겠습니다. 가족의 이런 인사는 참 애잔하고 무력하게 다가옵니다.

이런 와중에도 리디아는 외삼촌께 두 번째 편지를 보냅니다. 원예는 꽤 하지만 빵은 전혀 만들 줄 모른다는 것, 그러나 빵 만드는 걸 배우고 싶다는 것, 자신을 할머니가 부르는 것처럼 '리디아 그레이스'라고 불러달라는 것 등입니다. 그곳에 꽃씨를 심을 만한 데가 있는지 물어보는 것도 빠뜨리지 않았습니다. 기차역에서 보낸 두 번째 편지를 읽고 나면 어린 소녀가 수줍게 전해주는 말간 생기를 느낄 수 있습니다.

리디아는 지금 마주하고 있는 현실을 외면하지도, 과장하지도, 비관적으로도 보지 않습니다. 작지만 힘은 세고, 원예는 잘하지만 제빵은 할 줄 모르고, 빵 만드는 것을 배우고 싶지만 자신이 좋아하는 꽃씨도 심고 싶고, 집에서 부르는 이름 그대로 불리고 싶은 것까지 리디아는 차분하게 자신의 마음 그대로를 드러내면서 나름대로 이 어수선하고 불안정한 상황을 정돈하려 애쓰는 동시에 자신도 지켜내려고 애쓰고 있습니다. 참 대견하지요? 이 모습을 보면서 레질리언스의 한 대목인 긍정적인 시각이 떠올랐습니다.

대개 힘든 일이 있을 때 슬퍼하거나 좌절하는 것은 노력하지 않아도 저절로 됩니다. 그렇지만 밝은 사고방식은 노력이 필요합니다. 바로 리디아가 보여주고 있는 수고 같은 것이지요. 스트레스를 주는 일이 어떤 성질인지 살피면서 그것이 주는 의미를 찾아갑니다. 더불어 나에게는, 우리에게는 어떤 자원이 있는지 돌아봅니다. 이런 수고들이 모여 당면한 상황을 조금씩 더 통합적으로 이해하게 만들고 문제를 바라보는 시각을 긍정적으로 이끌어줍니다. 밝은 마음은 선천적인 것이 아니라 훈련되고 선택되는 것입니다.

레질리언스에서 말하는 긍정적인 관점은 상황을 무조건 좋게만 보려고 하는 것은 아닙니다. 문제상황을 모른 척하거나 그저 내가 보고 싶은 면만을 보며 문제를 억압하거나 무시하는 것을 의미하지도 않습니다. 어떤 면에서는 현재의 상황을 보다 더 냉철하게 생각하는 것입니다. 리디아처럼 어려운 상황 속에서도 자신의 마음을 인정하고 작지만 희망적인 시선을 찾고 견지하는 것, 이것이 레질리언스가 지향하는 긍정적인 시각입니다.

레질리언스의 출발점
- 격려와 용기

이제 리디아는 열차에 올랐습니다. 객실의 좌석에는 모두들 일행이 있지만 리디아만 혼자입니다. 커다란 좌석에 홀로 앉은 리디아의 몸이 더 작고 여려 보이는 것은 괜한 연민일까요? 하루는 꼬박 걸리는 먼 거리를 달려가며 리디아는 이제 떠나 온 가족들에게 감사의 편지를 씁니다.

편지를 읽다 보면 리디아가 물리적으로는 혼자이지만 정서적으로는 온 가족이 함께하고 있다는 것을 발견하게 됩니다. 엄마가 자신이 입던 옷으로 지어준 하늘색 원피스는 엄마의 품처럼 리디아를 보듬고, 얼굴도 모르는 외삼촌을 단박에 알아보게 해줄 아빠의 유머스러운 힌트는 낯섦이 주는 긴장감을 완화시키며, 할머니가 정성껏 챙겨준 여러 종류의 꽃씨들은 앞으로 피어날 아름다운 꽃들을 꿈꾸도록 이끌어줍니다. 익숙한 장소와 사랑하는 가족을 떠나 낯선 곳에서 낯선 사람과 지내게 되는 리디아도, 그런 곳에 아이 혼자 떠나보내는 가족도 불안하고 두렵기는 매한가지이겠지만 리디아 가족은 여기에 눌리지 않고 각자가 할 수 있는 일을 함으로써 서로를 북돋웁니다.

이것이 위기의 순간에 평범한 가족에게서 드러날 수 있는 격려입니다. 가족 레질리언스에서 볼 때 중요한 지점이 여기입니다. 문제에 압도되어 아무것도 할 수 없다는 무력감이 아니라, 불확실한 미래 앞에서도 가족이 서로에게 '괜찮다'는 신호를 건네려고 애쓰는 것, 이것이 레질리언스로 향하는 첫걸음이 되기 때문입니다. 가족 전체가 참여해서 나누는 진심 어린 격려는 모든 가족 구성원에게 충만한 위안으로 되돌아와 고난의 시간을 버티어나갈 용기와 희망을 갖게 해줍니다.

리디아 가족은 이런 모습을 작품 내내 이어갑니다. 이들은 멀리 떨어져 살게 된 상황에 대해 슬퍼하고만 있지 않고, 멀리 떨어져 있게 된 현실을 직시하면서 레질리언스를 발휘하는 기본적인 걸음을 꾸준히 내딛고 있는 것입니다. 격려와 용기는 서로 얽혀 있습니다. 만약 우리가 용기를 비범한 사람이 뭔가 거창하고 대단한 일을 할 때에만 발현되는 것으로 간주하지 않는다면, 보통의 가족이 일상의 삶에서 얼마나 자주 용기를 발휘하며 살고 있는지를 더 많이 깨닫게 될 것이고 이것의 가치를 점점 더 인정하며 살아가게 될 것입니다.

레질리언스의 핵심 요소
- 견뎌냄과 희망

　　　　　　마침내 리디아는 외삼촌이 사는 곳에 도착했습니다. 이 도시의 규모를 말해주는 듯 리디아를 맞이하는 역이 정말 커다랗습니다. 창으로 쏟아지는 빛이 적지 않은데도 역은 왠지 어둡고 을씨년스럽게 느껴집니다. 이런 곳 한쪽 귀퉁이에 짐가방과 함께 혼자 덜렁 남겨진 리디아가 있습니다. 가족과 작별한 소박했던 기차역이나 할머니와 가꾸었던 정원과 대비되어 이전과는 너무도 다른 환경이라는 것이 확연한데, 가만히 위를 올려다보는 리디아를 보다 보면 애처로운 염려가 밀려옵니다. 이곳에서 리디아는 얼마나 작고 연약한 존재인지요. 그 어떤 설명도 없이 그림으로만 모든 것을 전달하는 이 장면은 그래서 더욱 강렬합니다.

　　외삼촌은 자신이 사는 동네로 리디아를 데리고 왔습니다. 얼마가 될지는 모르지만 모두가 참고 버텨내야 하는 시간이 이제 시작되는 것입니다. 높다란 건물들로 둘러싸인 동네는 삭막하기 그지없는데 외삼촌의 표정까지 무겁기만 합니다. 서먹하고 낯선 이곳에서 리디아는 어떨까 마음이 쓰이는데 놀랍게도 리디아는 다른 얘기를 합니다.

　　"보고 싶은 엄마, 아빠, 할머니
　　가슴이 너무 떨립니다!!!

이 동네에는 집집마다 창 밖에 화분이 있어요.

마치 화분들이 저를 기다리고 있었던 것처럼 보입니다.

우리는 이제 봄이 오기만 기다릴 거예요.

할머니 앞으로 제가 지내며 일할 이 골목에 빛이 내리비치고 있습니다."

아, 얼마나 가슴이 벅차오르는 편지인지요! 골목에 내리는 빛이 저의 마음에도 내리는 것 같습니다. 들뜬 마음으로 얼른 리디아가 본 화분들을 찾아보지만, 창밖의 화분들에는 아무것도 심겨 있지 않습니다. 빈 화분을 보며 리디아는 자신의 처량함을 투영할 수도 있을 것 같은데, 어떻게 봄을 꿈꾸는 것일까요? 자신이 가져온 꽃씨와 화분이 만났을 때를 상상했을까요? 리디아는 무얼 보고 이런 생각을 하게 된 것일까요?

그것이 무엇이든 리디아가 본 것은 어떤 가능성이 아닐까요? 불안하고 걱정스러운 지금의 형편과 상관없이 어떤 일을 만들어나갈 가능성 말입니다. 리디아의 긍정적인 시각이 빛을 발하는 순간입니다. 빈 화분을 바라보는 리디아의 밝은 시선 안에 여전히 아무것도 없는 현실과 가능성을 향한 희망이 동시에 담겨 있는 것 같습니다. 그러나 어떤 일을 기대하기는 쉽지만 그 일이 실제로 일어나기 위해 감당해야 할 수고는 별개입니다. 이럴 때 요구되는 것이 견디며 인내하는 것입니다. 꽃씨가 꽃으로 피어나기까지 시간이 필요한 것처럼, 희망과 회복은 끈기 있는 기다림입니다. 때로 어찌할 수 없는 힘든 상황을 만날 때 최선을 다해 단단한 마음새로 견디는 것, 이것이 레질리언스의 핵심 요소입니다. 가족의 위기는 개인의 아픔을 넘어 함께 견뎌야 하는 현실입니다.

간과하지 말아야 할 것은 견디고 있다고 해서 혹은 견뎌냈다고 해서 그 시간이 힘들지 않다는 의미는 결코 아닙니다. 희망은 분명 노력을 할 수 있게 합니다. 그럼에도 살아가는 하루하루는 생각했던 것 이상으로 훨씬 더 힘들 수 있습니다. 그래서 따뜻한 말 한마디, 부드러운 손길 한 번으로 그날 하루의 온기를 나누는 것은 가까이 있어 오히려 소홀할 수 있는 가족에게 매우 절실한 필요입니다.

좋은 결과가 나온다는 보장은 없지만, 고통과 상처를 회복해가는 데 도움이 되는 선택들을 만들어갈 수는 있습니다. 움츠러들거나 주변과 스스로 단절하면서 문제를 더욱 떠맡는 것이 아니라 조금씩 짐을 나누는 것이 필요합니다. 이로써 가족은 힘든 시간을 조금은 나은 시간이 되게끔 이끌고 갈 수 있습니다. 텅 빈 화분에 소망을 심는 리디아처럼, 가족은 아무것도 보이지 않는 어려움 속에서도 꽃을 피울 준비를 하는 것입니다.

봄을
기다리는 동안…

　　　　　　　　　가을이 지나고 어느새 크리스마스가 다가왔습니다. 앙증맞은 크리스마스 트리와 색종이 가랜드가 분위기를 돋우고 개수대 가득한 설거지 그릇이 넌지시 두 사람의 풍성한 크리스마스 만찬을 알려주는 것 같습니다. 리디아는 집에서 보내온 꽃씨 카탈로그를 꼭 껴안고 행복한 미소를 짓고 있습니다. 식탁에는 할머니의 선물인 수선화 알뿌리가 펼쳐져 있고 리디아가 직접 지어 선물한 긴 시를 읽고 있는 외삼촌의 모습도 보입니다. 감정을 잘 드러내지 않는 외삼촌의 심각한 표정은 크리스마스에도 여전합니다. 외삼촌의 표정은 언제쯤 달라질까요? 기다림의 시간 속에서도 가족은 여전히 살아 움직인다는 것을 보여주는 흐뭇한 장면입니다.

　　이렇게 크리스마스를 보내고 겨울이 끝나갈 무렵 리디아는 이제 빵을 반죽할 수 있을 정도로 실력이 늘었습니다. 제빵실의 풍경을 한번 볼까요? 제빵실에는 이미 구워진 빵들과 제빵 재료, 도구들이 널려 있습니다. 작지만 소담한 화분들이 리디아의 손길을 보여줍니다. 리디아는 열심히 빵을 반죽하고 있습니다. 세상에서 가장 중요한 일을 하는 듯 너무나 진지한 표정에 실소가 삐져나옵니다. 리디아에게 반죽하는 법을 가르쳐준 엠마 아줌마가 리디아 뒤를 든든히 받치고 있고, 반죽기를 돌리며 이들을 흐뭇하게 지켜보는 이가 엠마 아줌마의 남편인 에드 아저씨입니다. 구석에서 이들을 지켜보는 또 다른 시선이 있네요. 바로 고양이 오티스입니다. 오티스까지 리디아의 반죽에 관심을 보이고 있는데 외삼촌은 바로 옆 테이블의 상황을 아는지 모르는지 묵묵히 케이크 장식에 집중하고 있습니다. 여전히 심각한 얼굴로 말입니다.

작은 화분으로 온기를 나누고 주변 사람과 맺는 관계는 리디아를 지탱해주는 또 다른 힘이 되었습니다. 봄을 기다리는 동안 리디아는 성장했습니다.

비밀 장소와
비밀 계획

겨울이 지나고 기다리던 봄이 찾아왔습니다. 리디아가 서둘러 한 일이 무엇일지 충분히 짐작되지요? 리디아는 빈 화분은 말할 것도 없고 깨진 컵이나 찌그러진 케이크 팬에 이르기까지 용기를 가리지 않고 열심히 꽃씨를 심었습니다. 집에서 오는 편지는 여전했지만 리디아는 자주 편지를 쓰지 못할 정도로 바빴습니다. 여기저기 다니며 꽃씨를 심느라 분주한 리디아가 그려질 것이라 여겼는데, 의외로 작가는 창문 밖으로 몸을 길게 빼어 계단 위를 올려다보는 리디아의 모습을 보여줍니다.

호기심을 느끼며 리디아를 따라가 보면 어느새 건물 옥상에 다다릅니다. 표지에서 봤던 옥상으로 가는 외부 계단입니다. 리디아는 오티스만 빼고 아무도 모르는 멋진 비밀장소라고 하지만 실제 옥상은 온갖 잡동사니와 버려진 물건으로 어지럽습니다. 그럼에도 리디아가 이리 엉망인 곳을 멋진 곳이라 말하는 까닭은 무엇일까요? 리디아는 무슨 생각일까요? 처음 이 동네에 도착했을 때 생각했던 가능성을 다시 떠올리는 것일까요? 리디아가 말하는 굉장한 계획은 무엇일까요?

노란 수선화가 환한 가게 안, 커다란 창을 닦으며 흘깃 리디아를 쳐다보는 엠마 아줌마의 표정이 익살스럽기 그지없습니다. 창을 통해 들어오는 햇빛은 마치 스포트라이트처럼 빵을 진열하고 있는 외삼촌을 비춰주고 있습니다. 바닥을 쓸면서 그런 삼촌을 곁눈질하는 리디아의 은밀한 미소는 '어마어마한 음모'가 얼마나 즐거운 스릴인지 짐작게 합니다. 대조되는 세 사람의 표정이 흥미진진함을 더하는 가운데 짐 외삼촌이 어떻게 함박 웃게 될지 궁금해집니다. 누군가를 웃게 하겠다는 마음, 이것이야말로 진짜 가족의 저력을 보여주는 것입니다.

동네가
꽃으로 물들다

이제 충분히 봄이 찾아왔는데 이 동네는 어떻게 되었을까요?

"할머니께.

꽃들이 피고 있어요. 여기저기, 사방 온 데에서요.

저는 창 밖 화분에다 무와 양파와 상추도 세 종류나

기르고 있습니다.

이웃 사람들이 꽃을 심을 수 있게 커다란 그릇들을

가져다 주셨어요.

그리고 몇몇 손님들은 올 봄에 자기 집 정원에서 키운

화초를 주셨어요.

이제 사람들은 저를 '리디아 그레이스'라고 부르지 않습니다.

모두 '원예사 아가씨'라고 부릅니다."

리디아가 처음 보았던 빈 화분들은 화사한 꽃으로 채워졌습니다. 잠시만 책장을 앞으로 넘겨 리디아가 처음 이곳에 도착했던 장면과 비교해 보면 동네가 얼마나 달라졌는지 한눈에 들어올 것입니다. 리디아가 심은 꽃은 외삼촌의 가게를 넘어 동네 곳곳을 따뜻하게 물들입니다. 가게에는 빵을 사려는 사람들로 복잡하고, 거리에는 꽃을 구경하는 사람들로 북적이고 있습니다. 어려운 시기에 삭막한 도시 골목에 찾아온 정원이 뜻밖의 선물처럼 기쁨을 줍니다. 그래서일까요? 꽃 한 송이로 행복해하는 허름한 남자의 미소가 특히 아름답습니다.

레질리언스의 확장
- 연결성과 상호 협력

어려움이 있을 때 친지나 주위 사람들과의 연결은 가족 레질리언스에서 매우 중요합니다. 서로 네트워킹하고 지지하는 것은 개인적이고 사회적으로 분절되는 핵가족의 시대에 더욱 소중합니다. 리디아 가족이 지금 외삼촌의 도움을 받고 있는 것을 비롯하여, 리디아와 주위 사람들과의 연결성은 이미 그 자체로 서로에게 지지입니다. 리디아는 자신이 집에서부터 해왔던 일을 하며 외삼촌 가족의 일원으로, 동네의 구성원으로 스며들었습니다. 그리고 리디아 가족의 것이 그 가족을 넘어서자 이 골목은 빛이 내린 것처럼 활기를 띠게 되었습니다. 리디아 또한 이곳에서의 만남을 통해 얻은 것을 다시 자신의 가족에게 가지고 갑니다. 리디아의 편지를 받은 가족은 리디아의 즐거움과 이웃의 사랑을 알게 되고 안도할 것입니다. 아버지의 오랜 실직으로 리디아 가족이 겪고 있는 직접적인 어려움은 이런 간접적인 영향을 통해 감소될 수 있습니다.

이런 까닭에 확대된 가족의 지지나 이웃과의 상호 협력은 가족의 삶에 꼭 필요합니다. 이것은 위기의 순간에 서로에게 안전망으로 작용하여 레질리언스를 촉진해가는 주요한 가교 역할을 하게 됩니다. 회복은 개인이나 개별 가족의 몫만이 아닙니다. 레질리언스는 이웃, 사회와의 연결 속에서 더욱 자라갑니다.

비밀 장소에서
일어난 일

봄이 지나고 여름이 찾아왔습니다. 엠마 아줌마와 준비하고 있던 '어마어마한 음모'는 어떻게 되고 있을까요?

"보고 싶은 엄마, 아빠, 할머니.

행복해서 가슴이 터질 것 같아요.

오늘 아침에는 유난히 이 도시가 아름다워 보입니다.

오늘이 독립기념일이어서 정오에는 가게를 닫을 거예요.

그런 다음에 외삼촌을 옥상으로 모시고 갈 거예요.

저는 엄마, 아빠, 할머니께서 저에게 가르쳐주신 아름다움을

다 담아내려고 노력했습니다.

추신 : 벌써 외삼촌 웃는 모습이 그려집니다."

드디어 엠마 아줌마와 준비한 어마어마한 계획이 그 실체를 드러내는 날이 되었습니다. 리디아는 집 안 곳곳에 외삼촌을 옥상으로 인도하는 안내문을 붙였습니다. 이 중요한 날에 예쁜 화분들이 빠지면 섭섭하겠지요? 화분들은 마치 도열하듯 열을 지어 일찌감치 외삼촌의 길을 예비하고 있습니다. 12시 10분 전을 가리키는 벽시계가 유쾌한 긴장을 불러일으

키고 옥상 쪽으로 활짝 열린 문은 특별한 모험의 입구인 것 같은 짜릿함이 느껴집니다.

드디어 외삼촌이 옥상으로 들어섰습니다. 예상치 못한 광경에 외삼촌은 입이 떡 벌어지고 눈이 휘둥그레졌습니다. 놀랍게도 눈앞에는 이런저런 잡동사니로 지저분했던 옥상이 아니라 수많은 꽃들로 가득한 아름다운 정원이 펼쳐져 있었습니다. 다과를 즐길 수 있는 야외 테이블도 있습니다. 정원의 중앙에는 작은 불꽃막대를 들고 환한 미소로 외삼촌을 환영하는 리디아와 엠마 아줌마, 에드 아저씨가 보입니다. 물론 오티스도 함께요. 리디아가 엠마 아줌마와 같이 한 '어마어마한 음모'는 바로 이것이었나 봅니다. 이만하면 리디아의 계획은 충분히 성공한 것이지요?

이제 옥상은 '어마어마한 음모' 전과 후로 나뉩니다. 리디아의 진심이 닿은 이곳은 더 이상 소외된 공간이 아닙니다. 서로의 마음이 오고 가는 공간입니다. 새로운 계절을 만나는 초대의 공간입니다. 리디아는 자신만의 방식으로 가족을 위로하려고 했고, 그 마음이 모여 '정원'이 되었습니다. 리디아의 정원은 소망과 회복의 공간입니다.

조금 번거롭더라도 앞으로 돌아가서 옥상의 이전 장면과 지금 장면을 비교해 보면 책 읽는 재미가 조금 더 생깁니다. 같은 장소지만 완전히 달라진 모습을 가만히 보고 있노라면 힘든 상황에 압도되지 않고, 인내하고 수고하며 성장해가는 감동의 이야기가 다시 들려오는 것 같습니다.

얼마 뒤 옥상에서는 작은 파티가 열렸습니다. 외삼촌은 리디아를 위해 커다란 꽃케이크를 만들어주었습니다. 이 케이크는 리디아에게 외삼촌이 천 번 웃은 것만큼이나 의미 있는 선물이었답니다. 그리고 외삼촌은 편지 한 장을 리디아에게 건네주었습니다. 어떤 편지였을지 짐작이 가나요?

가족 레질리언스의 실제적인 전략
- 긍정적인 정서 표현

드디어 집에서 아빠가 다시 일하게 되었다는 소식을 알려왔습니다. 이제 리디아는 집으로 돌아갈 수 있습니다. 이 소식을 들었을 때 리디아의 마음은 어땠을까요? '이제 집으로 돌아간다'는 짧은 한마디에서 배어 나오는 소회는 얼마나 묵직한지요! 가족이 서로 떨어져 끝을 알 수 없는 시간을 보내는 것은 참으로 고통스러운 일이 아닐 수 없습니다. 언제 끝날지 잘 모르는 이런 어려움은 긴 시간 동안 '버티기'를 요구합니다. 막연하게 기다리게 될 때, 과연 좋아질 것인지 의구심이 증폭될 때, 같은 문제가 반복되어 계속 리셋되는 것 같을 때, 현실의 삶에서 계속 재적응을 반복하는 일은 정말 힘이 듭니다.

가족의 이런 고통을 완화시키는 방법은 긍정적인 정서를 표현하는 것입니다. 어떤 형태로든 따뜻하고 애정이 담긴 마음을 나누는 것이지요. 가족 간의 애정 표현은 위기에서 서로를 붙잡는 힘이 됩니다. 꽃케이크, 편지, 정원이 바로 그 언어입니다.

그러나 아이러니하게도 힘들 때 의도와 달리 좋지 못한 표현이 나오기 쉽고 부정적인 교류가 이어질 가능성이 많습니다. 대부분 긴장이 높고 예민해지기 때문입니다. 그래서 우선 이 긴장도를 떨어뜨리는 것이 급선무인데, 이때 긍정적인 표현이 부정적인 교류를 조정하고 감소시킬 수 있는 좋은 방법입니다. 가족 레질리언스를 만들어가는 여정에서 매우 실제적인 전략이 되기도 합니다. 이걸 위해서 뭔가 새로운 것을 창출하거나 추가해야 될 것 같은 부담을 가질 필요는 전혀 없습니다. 작품에서 보듯이 이미 가지고 있는 것 혹은 할 수 있는 것으로 충분합니다. 사랑한다, 미안하다, 고맙다라는 말이 문제를 해결하지는 않습니다. 그러나 가족이 함께 견디게는 해줍니다.

마지막 장면은 다시 기차역입니다. 리디아가 혼자 도착했던 그곳입니다. 그때는 커다란 기차역과 그곳에 홀로 떨어진 조그만 리디아에 초점이 있었다면, 지금은 작별 인사를 나누는 사람들에 초점이 있습니다. 부드러운 노란색은 어둡고 을씨년스러웠던 이전의 역사 분위기를 따스한 온기로 채우고, 이곳에서의 시작과 끝이 어떻게 달라졌는지 잘 보여줍니다.

외삼촌은 무릎을 꿇고 리디아를 품에 꼬옥 안아주었습니다. 표현에 서투른 삼촌의 깊은 정이 느껴져 마음이 찡해집니다. 에드 아저씨와 엠마 아줌마도 배웅을 나왔습니다. 그동안 정이 많이 들었는지 엠마 아줌마는 눈물을 훔치고 있습니다. 그런데 이동가방에서 오티스가 머리를 빼꼼히 내밀고 있네요. 아마도 리디아를 따라가는 모양입니다. 올 때는 혼자였는데 지금은 새로운 친구까지 있으니 집으로 돌아가는 발걸음이 한결 가볍지 않을까요? 이렇게 가족, 친구와 진심 어린 작별 인사를 나누며 작품은 끝을 맺습니다. 리디아의 기대만큼 외삼촌의 활짝 웃는 모습은 등장하지 않지만 옥상 정원에서부터 책 말미에 이르는 이 아름다운 몇몇 장면들은 뭉클하게 마음을 두드리는 무언가가 있습니다.

다시 시작되는 일상,
나란히 걷는 회복의 길

뒷면지는 매우 인상적입니다. 앞면지가 프롤로그 같았다면 뒷면지는 에필로그인 셈입니다. 텅 빈 들판을 마주하고 선 할머니와 리디아의 뒷모습이 보입니다. 멀리 지평선의 빛이 다시 돌아온 두 사람을 환영해주는 듯 밝게 펼쳐지는 가운데 할머니는 씨앗 봉투로 가득한 바구니를, 리디아는 여러 도구가 든 바구니를 들고 있습니다. 무얼 하려는지 충분히 예상되지요? 두 사람은 이전에도 그랬던 것처럼 밭을 일구고, 꽃씨를 심을 것이 분명합니다. 'The Gardner'라는 책의 원제가 여기만큼 어울리는 장면이 있을까 싶습니다. 다시 만난 리디아와 할머니는 전보다 더 단단한 발걸음으로 땅을 일구고 씨앗을 심을 것입니다. 이것이 바로 회복된 가족의 모습입니다. '우리 모두 울었어요'에서 시작했으나 재창조의 지점에서 마무리되는 리디아 가족의 이야기가 가족 레질리언스의 여정을 그대로 보여줍니다.

리디아 가족은 이제 이전의 가족이 아닙니다. 역경으로부터 배우면서 이 가족은 성장했습니다. 예기치 않은 어려움을 만났지만 이것을 각자가 해결하도록 내버려두지 않았습니다. 긍정적인 시각으로 주변을 보고, 시간을 들여 마음을 나누고 서로 의지하고 격려하는 수고를 감당하며 가족이 함께 문제를 다루었습니다. 위기 속에서도 서로를 일으켜 세우는 힘이 길러진 것입니다, 이것이 가족이 가진 회복력입니다.

모든 가족이 다르기 때문에 각 가족의 문제도 다 다릅니다. 겉으로 볼 때는 비슷해 보여도 그 나름대로 독특하다는 점을 염두에 두어야 고통을 일반화시키는 함정에 빠지지 않을 수 있습니다. 그래야 진실한 접촉이 이루어질 수 있으며 프로마 월시가 말한 것처럼 관계의 망 안에서 가족 레질리언스는 엮어지고 시간과 세대에 걸쳐 더욱 강화될 것입니다. 리디아와 할머니처럼 말입니다.

봄볕처럼 다정하고 환한 이 그림책은 1998년에 칼데콧 아너상을 받았습니다.

    그림책을 읽다 보면 정말 좋은 작가들을 많이 만나게 됩니다. 그들의 넘치는 유머는 그림책을 읽는 내내 우리를 유쾌한 웃음과 기분으로 이끌고, 그들의 통찰은 어쩌면 이렇게 깊은 성찰적 메시지를 이 작은 그림책 안에 담았나 싶을 정도로 감탄에 빠지게도 하고, 그들이 남겨놓은 여운은 책을 끝까지 읽었음에도 그것을 놓지 못하게도 하고, 때로는 뭔지 모르지만 그들이 들려주는 무언가가 마음을 건드려 같이 울고 같이 아파하게도 합니다. 그들이 펼쳐주는 세계는 참으로 역동적이면서 고운 매력이 있습니다. 이 책은 그들이 글과 그림으로 들려주는 이야기에 매료되면서 마음에 여유를 얻고 점점 평온해졌기에 가능했습니다.

    글을 쓰는 동안 여러 질문과 의심이 수시로 마음을 흔들었습니다. 주제와 그림책은 잘 맞는지, 다루는 주제를 어디까지 어떻게 얘기해야 하는지, 내용을 보강하기 위해 그림책을 더 넣어야 하는지, 그림책의 깊이보다 주제를 설명하기 위해 그림책을 소비하고 있는 것은 아닌지, 글에 치우치지 않고 그림과 잘 통합해 읽고 있는 건지 등 문득문득 찾아오는 내면의 혼돈으로 갈피를 잡지 못하고 헤맸던 때가 많았습니다. 읽고 또 읽고 넣고 빼고를 반복하며 많은 고민을 거쳤지만, 여전히 빠뜨린 주제가 있고 더 깊이 들어가지 못한 부분도 있어 아쉬움이 남습니다.

글을 마무리할 즈음 『기억나요?』라는 그림책을 읽었습니다. 가족을 이어가게 하는 힘이 오롯이 느껴지는 섬세한 작품이었습니다. 이 책을 읽으면서 가족이 개인의 삶에 얼마나 소중한 화두인지, 그 과정에서 어떤 입장으로 어떻게 기억하고 어떻게 재해석하고 어떻게 얘기 나누는가가 정말 중요하다는 것을 새삼 다시 생각해보게 되었습니다.

가족의 기억이라는 것은 그것이 아픈 기억이든 좋은 기억이든 결국에는 얼마나 큰 유대감으로 가족을 붙들고 있는지요! 단지 우리가 할 일은 기억으로 존재하게 될 지금 맞이하는 순간순간들을 진심으로 엮어가는 일이 아닐까 하는 생각이 들었습니다. 그리고 이를 통해 조금씩 천천히 가족을 가족답게 만나고, 가족 안에서의 나도 나답게 잘 만나는 것이지 싶습니다.

그림책을 다루고 있지만 사실 엄밀하게 말하면 이 글은 가족에 관한 것입니다. 가족학에서 가족을 어떻게 바라보고 어떤 이슈들을 고민하는지 그림책을 빌려 조금 더 알기 쉽게 얘기하고 싶었습니다. 부족함이 많지만 그럼에도 이 책을 읽는 독자가 가족을 좀 더 편안하게 알아가고 이해하게 되기를 바랍니다.

    그리고 제가 삶의 어느 자리에 있든지 언제나 동행해 주시고, 이 작업에 마침표를 찍기까지 인도해주신 하나님께 감사드립니다.

참고문헌

닉 스틴넷 외,『환상적인 가족 만들기』, 제석봉·박경 옮김, 학
    지사, 2004.

데이비드 올슨 외,『부부, 연인보다 아름답게 사는 법』, 신희
    천 외 옮김, 학지사, 2009.

베티 카터 외,『가족생활주기와 가족치료』, 정문자 옮김, 중앙
    적성출판사, 1997.

서영숙 외,『한부모가정과 이혼 이해교육(교사 아동 부모를 위
    한)』, 양서원, 2004.

수잔 보이안 외,『이혼·별거 가정의 부모역할: 자녀를 갈등으
    로부터 보호하기』, 홍경자 외 옮김, 학지사, 2009.

알랭 드 보통,『낭만적 연애와 그 후의 일상』, 김한영 옮김, 은
    행나무, 2016.

알프레드 아들러,『위대한 심리학자 아들러의 가족이란 무엇
    인가』, 신진철 옮김, 소울메이트, 2015.

야누쉬 코르착,『어떻게 아이들을 사랑해야 하는가』, 송순재·
    안미현 옮김, 내일을여는책, 2011.

이기숙 외,『결혼의 기술(2판)』, 신정, 2009.

이기숙 외,『결혼의 기술』, 신정, 2001.

이원영·김정미,『대학생을 위한 예비부모교육』, 학지사, 2011.

이희영,『페인트』, 창비, 2019.

잉그릿 트로비쉬,『아름다운 자신감』, 김성녀 옮김, IVP, 2005.

주디 포드,『행복한 가족에겐 분명 내가 모르는 이유가 있다』, 정현정 옮김, 예문, 2000.

채인선 글·김은정 그림,『아름다운 가치 사전』, 한울림어린이, 2005.

프로마 월시,『가족과 레질리언스』, 양옥경 외 옮김, 나남, 2002.

1장. 흐르는 시간 속, 다시 바라보는 가족

○ 움직이는 가족, 시간 속을 건너는 이야기 〈할아버지의 바닷속 집〉

1. 『할아버지의 바닷속 집』처럼, 나의 가족의 각 시기를 상징할 수 있는 '집'이 있다면 어떤 모습일까요?

2. 신혼, 부모됨, 중년, 노년 등 현재 위치하고 있는 가족생활주기의 시기에서 내가 느끼는 과제나 도전은 무엇일까요?

3. 할아버지가 집을 떠나지 않고 남아 있는 이유는 무엇일까요? 나의 가족에게도 '절대 떠날 수 없는 이유'가 있다면 그것은 무엇일까요?

○ 가족은 시스템 〈나는 둘째입니다〉

1. 내가 자란 가족 안에서 나의 '역할'은 무엇이었나요? 지금 생각해 보면 그것이 나의 성격이나 대인 관계에 어떤 영향을 주었는지 이야기해 보세요.

2. 우리 가족만의 '암묵적인 규칙'이 있었나요? 그 규칙이 지금도 나에게 영향을 미치고 있나요?

3. 내 가족을 '오케스트라'에 비유한다면 나는 어떤 악기일까요? 다른 가족 구성원은 어떤가요?

○ 다채롭게 변주되는 가족의 모습 〈숲속 사진관〉 〈숲속 사진관에 온 편지〉

1. 『숲속 사진관』과 『숲속 사진관에 온 편지』에서 가장 인상 깊었던 가족 형태는 무엇이었고, 그 이유는 무엇인가요?

2. 여러분이 자라온 가족은 어떤 모습이었나요? 지금의 가족과 비교해 볼 때 달라진 점은 무엇인가요?

3. 가족을 가족되게 하는 것은 무엇이라고 생각하나요?

○ 가족을 반짝이게 하는 비밀 〈돼지책〉

1. 가족 안에서 '존중'과 '협력'이 잘 드러났던 경험이 있나요?

2. 최근 감사하거나 애정을 표현한 적이 있나요? 혹은 받아본 적이 있나요? 그 경험들은 어땠나요?

3. '가족과 함께 보낸 행복한 기억' 중 하나를 떠올려 본다면 어떤 장면인가요?

2장. 둘에서 하나로, 가족이 관계가 되기까지

○ 감정만으로는 부족한 사랑 〈토끼의 결혼식〉

1. 사랑하는 사람을 '진심으로 바라본다'는 것은 어떤 의미일까요? 단순히 '본다'는 것과 '바라본다'는 것에는 어떤 차이가 있을까요?

2. 열정, 친밀감, 헌신 중 나의 관계에서 가장 강하거나 부족하다고 느끼는 요소는 무엇인가요? 이유는 무엇인가요?

3. '사랑은 춤이다'라는 비유에 대해 이야기해보고, 우리(가족, 부부, 연인 등) 관계의 스텝에 대해서도 나눠보세요.

○ 부부, 다름과 연합 사이 〈나란히, 고양이, 물고기〉

1. 나와 가장 가까운 가족이나 파트너와 '다름' 때문에 부딪혔던 기억이 있나요? 그때 어떤 대화가 있었고, 어떻게 해결되었나요?

2. '같이 산다'라는 것에 대한 나만의 정의를 나누어보세요.

3. 자신을 유지하면서도 상대와 하나가 되는 균형을 이루기 위해 내가 할 수 있는 한 가지 실천은 무엇일까요?

○ **행복한 결말 이후의 진짜 시작** 〈개구리 왕자 그 뒷이야기〉

1. 결혼을 준비하면서 또는 결혼 초기에 내가 가졌던 기대 중, 지금 돌아보면 비합리적이었다고 생각되는 것이 있다면 무엇인가요?

2. 배우자가 내 기대에 미치지 못한다고 느껴질 때 나는 어떻게 반응했나요? 그리고 나 자신은 그 기대에 어떤 역할을 하고 있었나요?

3. 결혼생활에서 '한 걸음의 변화'를 경험한 적이 있나요? 작은 변화가 관계에 어떤 영향을 미쳤는지 이야기해주세요.

3장. 사랑에서 책임으로, 부모됨의 여정

○ **우리는 왜 부모가 되려 했을까?** 〈완벽한 아이 팔아요〉

1. 나는 왜 부모가 되기로 결심했나요? 그 동기가 나의 부모 역할에 어떤 영향을 미쳤다고 생각하나요?

2. 내 아이를 완벽하게 키우고 싶다는 생각이 들었던 적이 있나요? 그때 어떤 기준을 가지고 있었고, 그 기준은 누구를 위한 것이었는지 이야기해봅시다.

3. '부모도 처음이다'라는 말을 들었을 때 어떤 느낌이 드나요? 부모로서 지금 내가 함께 성장하고 있는 부분에 대해 나눠봅시다.

○ 내 아이의 거울, 나는 어떤 부모일까? 〈공원에서 일어난 이야기〉

1. 나는 어떤 양육 유형의 부모라고 생각하나요? 그리고 내 아이는 어떻게 느끼고 있을까요?

2. 자녀와의 관계에서 '민주적'이라고 여겼던 나의 행동 중, 아이의 입장에서 보면 오히려 간섭이나 판단이 되었을 수도 있었던 경험이 있다면 나눠주세요.

3. 내 자녀의 성장을 도운 주변 자원(선생님, 친구, 상황 등)에는 어떤 것들이 있나요? 그 경험이 나에게는 어떤 영향을 주었는지 이야기해봅시다.

○ 듣기로 시작하는 부모 언어 〈고민 해결사 펭귄 선생님〉

1. 나는 최근 자녀의 이야기를 얼마나 잘 들어주고 있다고 생각하나요? 듣는 데 방해가 되는 나의 습관이나 태도는 무엇인가요?

2. 경청이 필요한 순간에 내가 조급하거나 판단하려 했던 경험이 있다면 나눠보세요. 그때 아이는 어떤 반응을 보였나요?

3. 부모로서 아이의 이야기를 더 잘 듣기 위해 내가 실천할 수 있는 한 가지 '작은 변화'를 생각해봅시다.

4장. 가족의 상실, 그리고 가족 레질리언스

○ 이혼, 함께였으나 이제는 비어 있는 곳 〈코코, 네 잘못이 아니야〉

1. '이혼은 사건이 아니라 과정'이라는 표현이 어떻게 와닿는지 이
   야기를 나누어보아요.

2. 아이에게 부모의 이혼을 알릴 때 가장 중요한 태도는 무엇이라고
   생각하나요? 실제적인 어려움은 무엇일까요?

3. '아이에게 양쪽 부모를 사랑할 수 있게 하라'는 메시지를 일상에
   서 적용하려면 어떤 방법이 있을까요?

○ 죽음, 사랑이 멈추는 것이 아니라면 〈무릎 딱지〉

1. 당신은 가까운 이의 죽음을 처음 경험했을 때 어떤 감정이 가장
   먼저 찾아왔나요? 그 감정은 얼마나 지속되었고 지금은 어떻게
   기억되고 있나요?

2. 슬픔은 드러내야 한다고 생각하나요? 혹은 감추거나 억제해야
   했던 순간이 있다면 그 이유는 무엇인가요?

3. 아이의 눈으로 바라본 죽음, 상실, 애도의 여정을 보며 느낀 점을
   나눠주세요. 혹 나 역시 지금 필요한 '애도의 시간'이 있나요?

○ 고요한 탄성, 가족의 회복력 〈리디아의 정원〉

1. 여러분의 가족에게 어려움이 닥쳤을 때, 함께 극복하거나 지지했던 기억이 있다면 나눠 주세요. 그때 가족은 서로를 어떻게 도왔나요?

2. 리디아의 이야기에서 가장 마음에 남는 장면은 무엇인가요? 그 장면이 왜 기억에 남는지, 내 삶과 어떻게 연결되는지 이야기해 봅시다.

3. 가족이 어려움을 겪고 있을 때, 내가 먼저 할 수 있는 '작은 격려'나 '표현'은 무엇이 있을까요? 실천 가능한 구체적인 예를 떠올려 봅시다.